もく…

漢字5年

…図書版

…可

教科書ぴったりトレーニング

月　日

ぴったり1 準備

かんがえるのって　おもしろい
銀色の裏地（うら）

教科書 20〜38ページ

新しく学習する漢字

像　経　情　象　絶　厚　賞　状　喜　解

教科書 20ページ

像　ゾウ

（はらう／はらう／はねる）

使い方
- 想像（そうぞう）上の生き物（いきもの）。
- 京都（きょうと）で仏像（ぶつぞう）を見（み）る。
- きれいな画像（がぞう）が映（うつ）る。

にんべん　14画

形のにた漢字
- 映像（えいぞう）
- 象

教科書 21ページ

経　ケイ　へる　◆キョウ

（はなす／はらう／長く）

使い方
- 運動神経（うんどうしんけい）がよい。
- 今（いま）までにない経験（けいけん）をする。
- あの日（ひ）から半年（はんとし）を経（へ）る。

いとへん　11画

形のにた漢字
- 経度（けいど）
- 半径

教科書 25ページ

情　ジョウ　なさけ　◆セイ

（長く／はねる）

使い方
- いつでも情報（じょうほう）が入（はい）る。
- 悲（かな）しくても表情（ひょうじょう）に出（だ）さない。
- 情（なさ）けない顔（かお）をする。

りっしんべん　11画

言葉の意味
- 情（なさ）け－思いやりや気の毒（どく）に思うこと。

教科書 25ページ

象　ショウ　ゾウ

（短く／はねる）

使い方
- 気象（きしょう）の勉強（べんきょう）をする。
- 小学生対象（しょうがくせいたいしょう）のアンケート。
- 大（おお）きな象（ぞう）がいる動物園（どうぶつえん）。

ぶた・いのこ　12画

いろいろな読み方
- 子象（こぞう）が印象（いんしょう）に残った遠足。

教科書 26ページ

絶　ゼツ　たえる　たやす　たつ

（はねる）

使い方
- 女性（じょせい）に絶大（ぜつだい）な人気（にんき）をほこる。
- 人（ひと）の流（なが）れが絶（た）えない。
- 犯罪（はんざい）を絶（た）やす。

いとへん　12画

四字熟語（じゅくご）
- 絶体絶命（ぜったいぜつめい）　追いつめられて、にげられないこと。

教科書28ページ

厚

あつい
◆コウ

はらう　長く　はねる

使い方
分厚い本を読む。
寒いので厚着をする。
厚かましい性格を直す。

部首：厂（がんだれ）　9画

反対の意味の言葉

厚い

薄い

教科書28ページ

賞

ショウ

向きに注意　とめる

使い方
コンクールで入賞する。
賞状をもらう。
賞味期限をすぎたパン。

部首：貝（こがい）　15画

字の形に注意

賞

教科書28ページ

状

ジョウ

わすれない　はらう

使い方
健康な状態を保つ。
賞状をもらって喜ぶ。
友人に年賀状を送る。

部首：犬（いぬ）　7画

字の形に注意

状

教科書30ページ

喜

キ
よろこぶ

上を長く　長く　つき出さない

使い方
喜劇を見て笑う。
姉の合格を家族で喜ぶ。
喜びの手紙を書く。

部首：口（くち）　12画

送りがな

教科書38ページ

解

カイ
◆ゲ
とく
とかす
とける

つき出さない　つき出す　はらう　はねる

使い方
問題の解答を書く。
リボンを解く。
氷が解ける。

部首：角（つのへん）　13画

言葉の使い分け

解答ー問題を解いて答えを出すこと。
回答ー質問などに答えること。

「象」は印象、気象、「像」は想像、人物像などと使うよ。
「イ」(にんべん)を、付けるか、付けないか、しっかりと確にんしよう。

ぴったり2 練習

かんがえるのって おもしろい
銀色の裏地（うら）

教科書 20〜38ページ
答え 2ページ

月　　日

1 ——線の漢字の読みがなを書きましょう。

① 人物の心情をとらえる。（　　）
② 言われたことは絶対に守る。（　　）
③ コンクールの賞状を受け取る。（　　）
④ 物語の流れを理解する。（　　）
⑤ 火を絶やさないように注意する。（　　）
⑥ ほめられてもすなおに喜べない。（　　）
⑦ 印象深い光景だ。（　　）
⑧ 試験の解答を紙に書く。（　　）

2 □に漢字を書きましょう。

① □□（そうぞう）より大きな家だ。
② これまでの□□（けいけん）をふり返る。
③ □（ぞう）の親子を写生する。
④ 親友と□□（ぜっこう）してしまう。
⑤ □□（あつぎ）りの肉。
⑥ 絵画コンクールで□□（にゅうしょう）する。
⑦ 合格（かく）した□（よろこ）びをかみしめる。

⑧ 駅前に新しい□（ぞう）が立つ。
⑨ 長い年月を□（へ）る。
⑩ □（なさ）けなくて、なみだが出る。
⑪ □□（きしょう）庁（ちょう）の予報（ほう）では晴れ。
⑫ むずかしい問題を□（と）く。
⑬ □□（ぜつだい）な人気をほこる。
⑭ いかりが□□（ひょうじょう）に出る。

準備 ぴったり1

図書館を使いこなそう

教科書 39～41ページ

新しく学習する漢字

容 技 術 適 許 可 複

月　日

容

教科書40ページ

ヨウ

くっつける　はらう　はらう

使い方
文章の内容を考える。
ガラスの容器に水を入れる。
この問題は容易ではない。

1 2 3 4 5 6 7 8 9 10

容 うかんむり

10画

形のにた漢字

谷

容器に入れる。

技

教科書40ページ

ギ

◆わざ

はなす　はらう

使い方
陸上競技の選手を目ざす。
技術が進歩する。
特技について話す。

1 2 3 4 5 6 7

技 てへん

7画

部首

技

「技」の部首は、「てへん」だよ。

術

教科書40ページ

ジュツ

わすれない　はねる

使い方
日曜日に美術館に行く。
技術の発達が早い。
母が手術を受ける。

1 2 3 4 5 6 7 8 9 10 11

行 ぎょうがまえ ゆきがまえ

11画

部首

「術」の部首は、「ぎょうがまえ・ゆきがまえ」だよ。

適

教科書40ページ

テキ

「商」にしない

使い方
寒い土地に適応する。
適切な指導を受ける。
土地に適した作物を作る。

1 2 3 4 5 6 7 8 9 10 11 12 13 14

辶 しんにょう しんにゅう

14画

四字熟語

適材適所
その人の能力を生かせる任務につかせること。

許

教科書40ページ

キョ

ゆるす

はらう　つき出さない

使い方
教室の使用許可をもらう。
特許を取る。
友達の失敗を許す。

1 2 3 4 5 6 7 8 9 10 11

言 ごんべん

11画

慣用句

心を許す
信用するという意味。

月　日

可

教科書40ページ

可　カ

まん中より右から書く　はねる

使い方

議会(ぎかい)で可決(かけつ)される。
可(か)もなく、不可(ふか)もない。
通行(つうこう)を許可(きょか)する。

反対の意味の言葉

可能(かのう)
不可能(ふかのう)

可　くち　5画

複

教科書41ページ

複　フク

わすれない　はらう

使い方

複数(ふくすう)のグループに分(わ)ける。
複雑(ふくざつ)な気持(きも)ちになる。
コピー機(き)で複写(ふくしゃ)する。

反対の意味の言葉

単数
複数(ふくすう)

複　ころもへん　14画

同じ読みの「複(フク)」はころもへん、「復(フク)」はぎょうにんべんだよ。似(に)ている漢字に気をつけよう。

漢字クイズ 1

☆例を参考に、□に当てはまる漢字を入れましょう。

答え16ページ

例
成→果、結→果→実、果→肉

① 正↓、理→□→体、↓決

② 内↓、形→□→積、↓器

③ 苦↓、感→□→熱、↓景

④ 大↓、急→□→身、↓化

上から下、左から右に読むんだね。

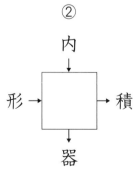

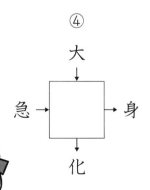

月　　日

ぴったり2 練習

図書館を使いこなそう

1 ——線の漢字の読みがなを書きましょう。

① **適切**（　　）なきょりをたもつ。

② **複数**（　　）の人物が登場する。

③ 医者から外出を**許**（　　）された。

④ **美容**（　　）と健康によい食べ物。

⑤ 小学生に**適**（　　）した本を買う。

⑥ 二つのものを**複合**（　　）する。

⑦ アイデア商品で**特許**（　　）を取る。

⑧ 賛（さん）成多数で**可決**（　　）する。

2 □に漢字を書きましょう。

① □□（ないよう）について書かれた紙。

② 日本の□□（ぎじゅつ）をしょうかいする。

③ 先生に□□（きょか）してもらう。

④ 空の□□（ようき）にうつしかえる。

⑤ □□（とくぎ）はけん玉だ。

⑥ 兄と□□□（びじゅつかん）に行く。

⑦ □□（てきとう）な大きさの石を集める。

⑧ 陸上□□（きょうぎ）大会に出場する。

⑨ 父の□□（しゅじゅつ）が成功する。

⑩ 生活に□□□（ふかけつ）なもの。

⑪ □□（ふくしゃ）された文書を読む。

⑫ □□（ようせき）を計算する。

⑬ 友達に心を□（ゆる）す。

⑭ おふろに□□（さいてき）な温度。

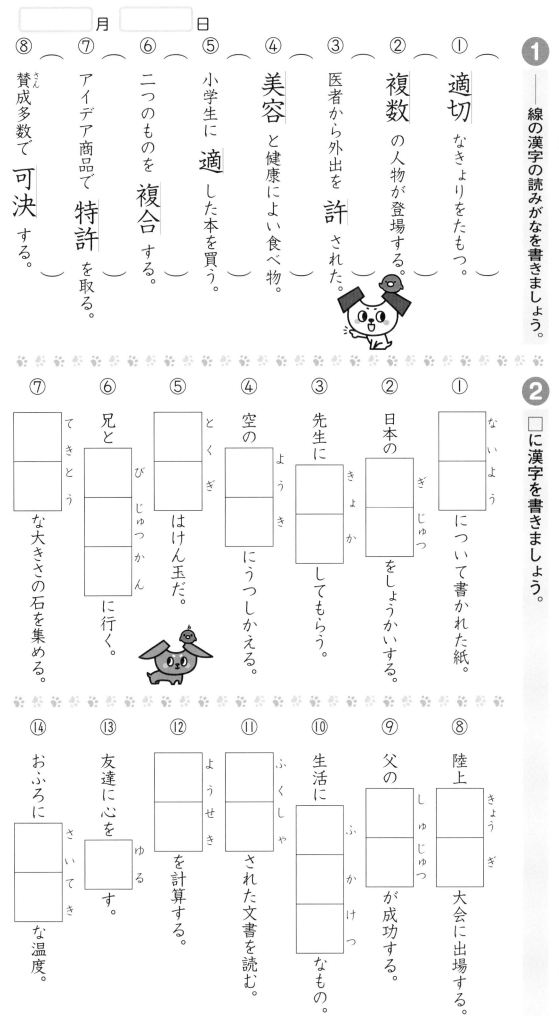

教科書 39〜41ページ
答え 2ページ

月　日

漢字の成り立ち

教科書 42～43ページ

新しく学習する漢字

構　桜　銅　破　修　復　眼　停
祖　準　備　貿　易　際　潔

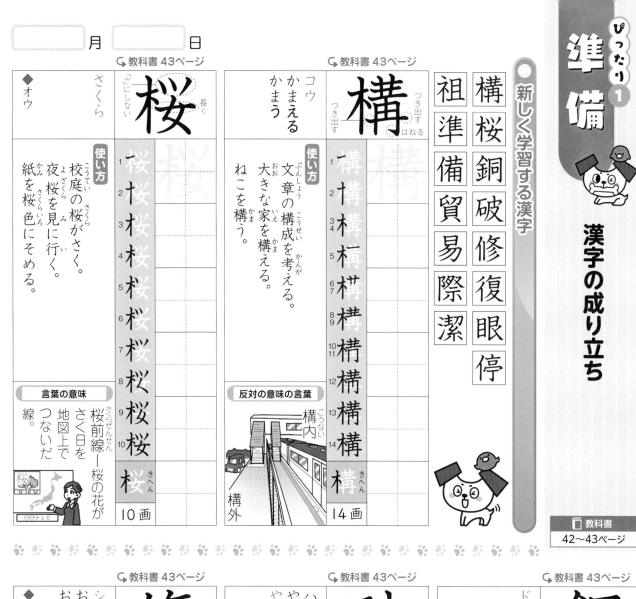

教科書 43ページ

構

コウ
かまえる
かまう

（つき出す・つき出す・はねる）

使い方
文章の構成を考える。
大きな家を構える。
ねこを構う。

部首：きへん　14画

反対の意味の言葉

教科書 43ページ

桜

さくら
◆オウ

（「ツ」にしない・長く）

使い方
校庭の桜がさく。
夜桜を見に行く。
紙を桜色にそめる。

部首：きへん　10画

言葉の意味
桜前線―桜の花がさく日を地図上でつないだ線。

教科書 43ページ

銅

ドウ

（右上に・はねる）

使い方
外国の銅貨をもらう。
工事に銅線を使う。
青銅器が出土する。

部首：かねへん　14画

仲間の言葉

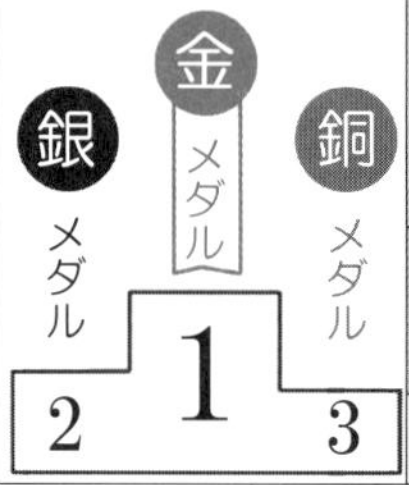

教科書 43ページ

破

ハ
やぶる
やぶれる

（はらう）

使い方
破格のあつかいを受ける。
約束を破る。
紙が破れる。

部首：いしへん　10画

言葉の使い分け
破れる―紙や布がやぶれること。
敗れる―勝負に負けること。

教科書 43ページ

修

シュウ
◆シュ
おさめる
おさまる

（わすれない・はらう）

使い方
字のあやまりを修正する。
小学校での課程を修める。
生活態度が修まる。

部首：にんべん　10画

字の形に注意
修

月　日

教科書43ページ

停

テイ

つける　とめる　はねる

使い方

停留所でバスが止まる。
タクシーが停車する。
信号で停止する。

11画（にんべん）

字の形に注意

停

形をしっかり覚えよう！

教科書43ページ

眼

ガン
◆ゲン
◆まなこ

はねる　はらう

使い方

近所の眼科に通う。
肉眼では見えない星。
方眼紙に図をかく。

11画（めへん）

慣用句

お眼鏡にかなう
目上の人に気に入られる。

教科書43ページ

復

フク

はらう

使い方

学校と家を往復する。
仕事に復帰する。
道路が復旧する。

12画（ぎょうにんべん）

反対の意味の漢字

往
復

教科書43ページ

備

ビ
そなえる
そなわる

横画は二本　はねる

使い方

遠足の準備をする。
災害に備えて訓練する。
教室にクーラーが備わる。

12画（にんべん）

字の形に注意

○備　×備

「用」だね！

教科書43ページ

準

ジュン

長く

使い方

しっかり準備運動をする。
標準語を話す。
地区大会で準決勝に進む。

13画（さんずい）

部首

「準」の部首は、「さんずい」だよ。

準

教科書43ページ

祖

ソ

とめる　長く

使い方

夏休みは祖父母の家に行く。
先祖代々語りつがれる話。
祖国の土をふむ。

9画（しめすへん）

形のにた漢字

祖父
うでを組む。

月　日

教科書 43ページ

貿

ボウ

画数に注意　つき出さない

使い方

アメリカと貿易(ぼうえき)する。
貿易風(ぼうえきふう)がふく。
日本最大(にっぽんさいだい)の貿易港(ぼうえきこう)を調(しら)べる。

字の形に注意

「カ」じゃないよ!
「ム」の形にも注意してね。
貿

貝(かい)　こがい

12画

教科書 43ページ

易

エキ
イ
やさしい

少し小さく書く　はねる

使い方

易者(えきしゃ)にうらなってもらう。
物事(ものごと)を安易(あんい)に考(かんが)えない。
易(やさ)しい問題(もんだい)を解(と)く。

言葉の使い分け

易(やさ)しい―たやすいこと。
優(やさ)しい―思いやりがあること。

日(ひ)

8画

教科書 43ページ

際

サイ
◆きわ

画数に注意　はなす　はねる

使い方

国際化(こくさいか)に対応(たいおう)する。
遊(あそ)んでしまうと際限(さいげん)がない。
実際(じっさい)に見(み)る。

形のにた漢字

国際化(こくさいか)

祭り

阝 こざとへん

14画

教科書 43ページ

潔

ケツ
◆いさぎよい

つき出す　つき出さない　はねる

使い方

部屋(へや)を清潔(せいけつ)にする。
身(み)の潔白(けっぱく)を証明(しょうめい)する。
清潔感(せいけつかん)のある人(ひと)。

反対の意味の言葉

清潔(せいけつ)
不潔(ふけつ)

氵 さんずい

15画

貿、質、資、貸、賛、責、貧、費(5年生で習う漢字)の似(に)ている漢字に気をつけよう。

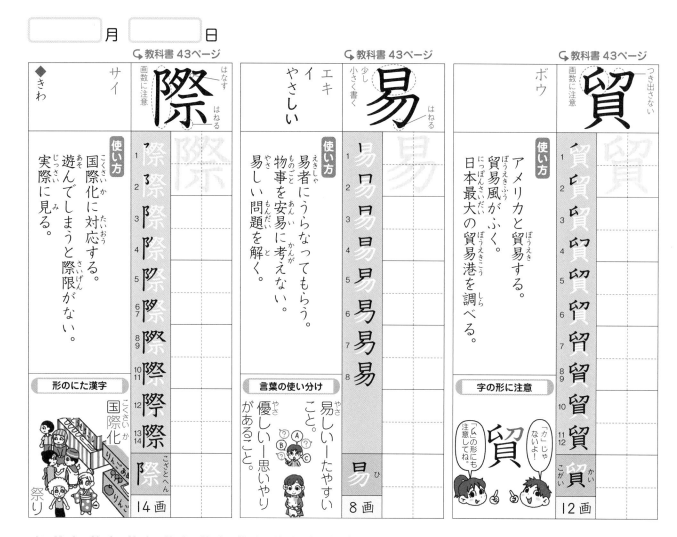

月　　日

漢字クイズ２

☆　□には、漢字の音(おん)を表す部分が入ります。例を参考に、その部分を□から一つ選んで、漢字を完成させましょう。

答え16ページ

例　扌＋□（じ）→ 持

①　食＋□（はん）

②　言＋□（か）

③　金＋□（どう）

④　阝＋□（さい）

⑤　亻＋□（ぞう）

寺	果	半	祭	火
同	象	青	反	口

「外」と「他」の使い分けに注意しよう。「あるはんいをこえたところ」という意味で使われるのが「外」だよ。

読み方が新しい漢字

漢字	読み方	使い方	前に出た読み方
分	ブ	八(はち)分(ぶ)音(おん)ぷ	分配(ぶんぱい)　五分前(ごふんまえ)　分(わ)ける
丸	ガン	一丸(いちがん)となる	花丸(はなまる)　丸(まる)い　丸(まる)める
外	ほか	思(おも)いの外(ほか)	外国(がいこく)　外側(そとがわ)　外(はず)す
直	ただちに	直(ただ)ちに行(おこな)う	直(なお)す　直線(ちょくせん)
父	フ	父母(ふぼ)と話(はな)す	父親(ちちおや)
母	ボ	父母(ふぼ)と歩(ある)く	母親(ははおや)
赤	セキ	赤飯(せきはん)を食(た)べる	赤組(あかぐみ)　赤(あか)い　赤(あか)らむ
犬	ケン	愛犬(あいけん)と遊(あそ)ぶ	犬(いぬ)

ぴったり2 練習

漢字の成り立ち

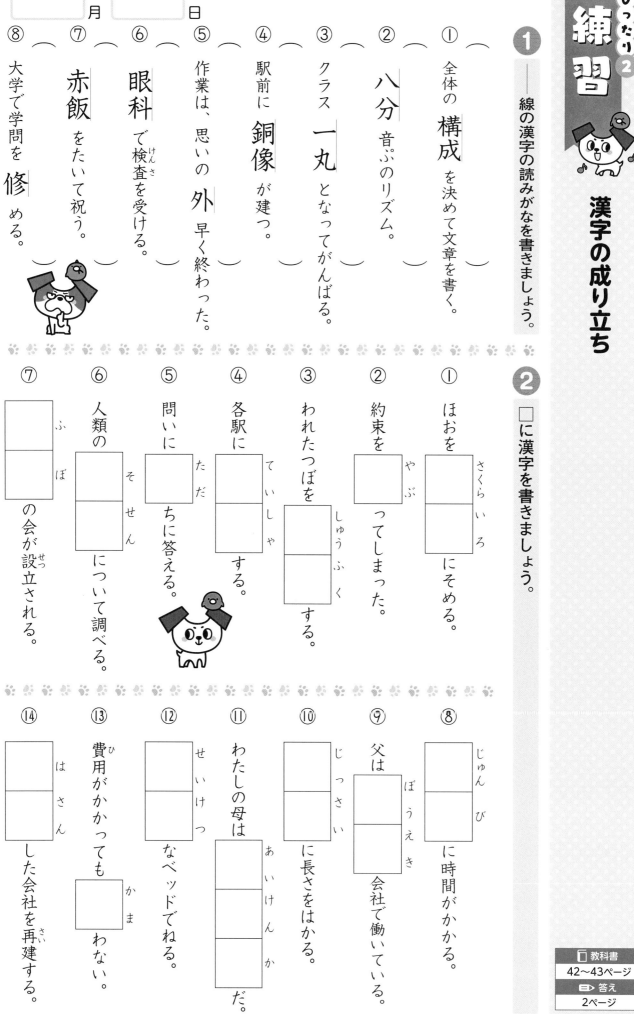

1 ―線の漢字の読みがなを書きましょう。

月　日

① 全体の__構成__を決めて文章を書く。（　　）

② __八分__音ぷのリズム。（　　）

③ クラス__一丸__となってがんばる。（　　）

④ 駅前に__銅像__が建つ。（　　）

⑤ 作業は、思いの__外__早く終わった。（　　）

⑥ __眼科__で検査（けんさ）を受ける。（　　）

⑦ __赤飯__をたいて祝う。（　　）

⑧ 大学で学問を__修__める。（　　）

2 □に漢字を書きましょう。

① ほおを□□（さくらいろ）にそめる。

② 約束を□（やぶ）ってしまった。

③ われたつぼを□□（しゅうふく）する。

④ 各駅に□□（ていしゃ）する。

⑤ 問いに□（ただ）ちに答える。

⑥ 人類の□□（そせん）について調べる。

⑦ □□（ふぼ）の会が設（せっ）立される。

⑧ □□（じゅんび）に時間がかかる。

⑨ 父は□□（ぼうえき）会社で働いている。

⑩ □□（じっさい）に長さをはかる。

⑪ わたしの母は□□□（あいけんか）だ。

⑫ □□（せいけつ）なベッドでねる。

⑬ 費（ひ）用がかかっても□（かま）わない。

⑭ □□（はさん）した会社を再（さい）建する。

教科書 42〜43ページ

答え 2ページ

ぴったり2 **練習**

漢字の成り立ち

教科書
42〜43ページ
答え
2ページ

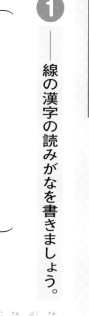

1 ——線の漢字の読みがなを書きましょう。

① 家族で**夜桜**を楽しむ。（　　）

② にがい**丸薬**を飲む。（　　）

③ 約束を**破**ってはいけない。（　　）

④ 天気が**回復**する。（　　）

⑤ ちこくするなど、もっての**外**だ。（　　）

⑥ パトカーが**直**ちに現場（げん）に向かう。（　　）

⑦ 十年ぶりに**母校**をたずねる。（　　）

⑧ 合唱大会に**備**え、練習する。（　　）

2 □に漢字を書きましょう。

① 絵の□□（こうず）を決める。

② 敵（てき）地での試合は□（ぶ）が悪い。

③ □（どう）でできた十円玉。

④ 自転車を□□（しゅうり）してもらう。

⑤ □□（にくがん）で見える星をさがす。

⑥ 港にタンカーが□□（ていせん）している。

⑦ □□（そふ）から、しょうぎを教わる。

⑧ 兄は□□（ひょうじゅん）より身長が高い。

⑨ 外国語を□□（ようい）に話す。

⑩ この□（さい）だから言っておこう。

⑪ 近所の□□（ばんけん）にほえられる。

⑫ 身の□□（けっぱく）が明らかになる。

⑬ 事故（こ）で□□（たいは）した車。

⑭ 選手が□□（しゅび）につく。

漢字の成り立ち

教科書 42～43ページ
答え 3ページ

（　）月（　）日

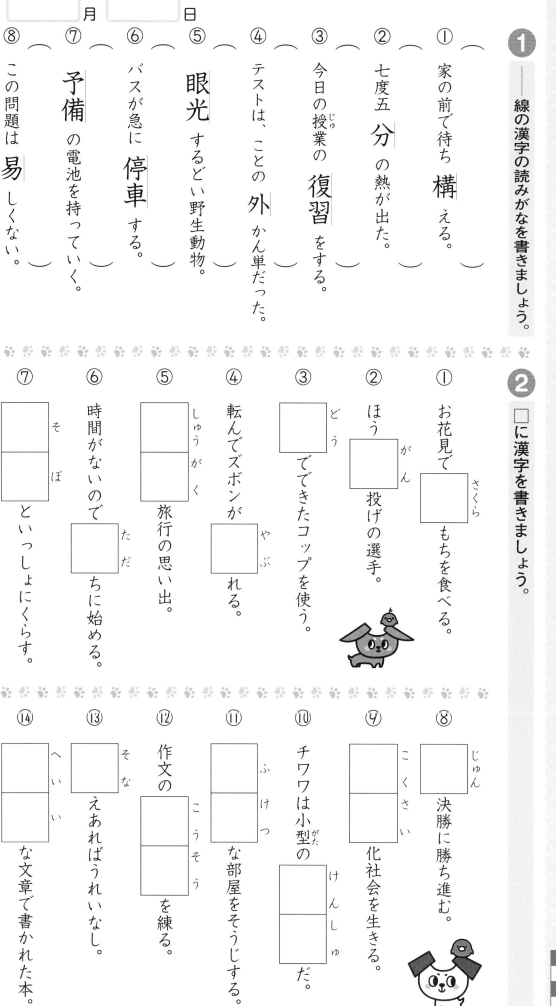

1 ――線の漢字の読みがなを書きましょう。

①（　）家の前で待ち構える。
②（　）七度五分の熱が出た。
③（　）今日の授業（じゅ）の復習をする。
④（　）テストは、ことの外かん単だった。
⑤（　）眼光するどい野生動物。
⑥（　）バスが急に停車する。
⑦（　）予備の電池を持っていく。
⑧（　）この問題は易しくない。

2 □に漢字を書きましょう。

① お花見で□（さくら）もちを食べる。
② ほう□（がん）投げの選手。
③ □（どう）でできたコップを使う。
④ 転んでズボンが□（やぶ）れる。
⑤ □□（しゅうがく）旅行の思い出。
⑥ 時間がないので□（ただ）ちに始める。
⑦ □□（そぼ）といっしょにくらす。

⑧ □（じゅん）決勝に勝ち進む。
⑨ □□（こくさい）化社会を生きる。
⑩ チワワは小型（がた）の□□（けんしゅ）だ。
⑪ □□（ふけつ）な部屋をそうじする。
⑫ 作文の□□（こうそう）を練る。
⑬ □（そな）えあればうれいなし。
⑭ □□（へいい）な文章で書かれた本。

月　日

ぴったり1 準備

きいて、きいて、きいてみよう
見立てる

教科書 46〜53ページ

新しく学習する漢字

質　報　告　属　確　識　因　造

質　（教科書 46ページ）

シツ
◆シチ
◆◆チ

はらう　とめる

15画　部首：貝（かい・こがい）

使い方
分からないので質問する。
川の水質がよくなる。
燃えやすい性質がある。

反対の意味の言葉
良質
悪質

報　（教科書 47ページ）

ホウ
◆むくいる

はねる　はらう　とめる

12画　部首：土（つち）

使い方
報道番組を見る。
先生に報告する。
事故の一報が入る。

ことわざ
果報はねて待て
幸せはやってくるものなので、あせらずに待てということ。

告　（教科書 47ページ）

コク
つげる

長く　つき出さない

7画　部首：口（くち）

使い方
店の広告を作る。
好きな人に告白する。
夏を告げるセミの声。

字の形に注意
告（3、4）

3画目は下につき出さないよ。

属　（教科書 48ページ）

ゾク

はらう　はねる

12画　部首：尸（かばね・しかばね）

使い方
野球部に所属する。
付属の部品を失う。
貴金属は身に着けない。

字の形に注意
属

はらう向きに注意！

確　（教科書 48ページ）

カク
たしか
たしかめる

つき出す

15画　部首：石（いしへん）

使い方
成功を確信する。
確かな自信がない。
答えが正しいか確かめる。

送りがな
○確かめる
×確める

月　日

教科書50ページ

識

シキ

（わすれない・長く・はねる）

19画　ごんべん

筆順：識 識 識 識 識 識 識 識 識 識 識 識 識 識 識 識 識 識 識

使い方

意識（いしき）して見（み）る。
山田（やまだ）さんとは面識（めんしき）がない。
道路標識（どうろひょうしき）が設置（せっち）される。

形のにた漢字

職人（しょくにん）
標識（ひょうしき）

教科書51ページ

因

イン

◆よる

（はらう）

6画　くにがまえ

筆順：因 因 因 因 因 因

使い方

勝因（しょういん）を語（かた）る。
発展（はってん）の要因（よういん）を調（しら）べる。
失敗（しっぱい）の原因（げんいん）を考（かんが）える。

反対の意味の言葉

原因（げんいん）

結果

教科書53ページ

造

ゾウ

つくる

（下を長く）

10画　しんにょう

筆順：造 造 造 造 造 造 造 造 造 造

使い方

食品（しょくひん）を製造（せいぞう）する。
造花（ぞうか）をかざる。
船（ふね）を造（つく）る。

言葉の使い分け

造（つく）る―機械などを使ってつくること。
作る―つくることに広く使う。

読み方が新しい漢字

漢字	読み方	使い方	前に出た読み方
西	セイ	アメリカの西部（せいぶ）	西日（にしび）、東西南北（とうざいなんぼく）
太	タ	丸太（まるた）を切（き）る	太（ふと）らせる、太陽（たいよう）

漢字クイズ 3

☆送りがなが正しい方を○でかこみましょう。

① 紙が｛破れる／破ぶれる｝。

② プレゼントをもらって｛喜こぶ／喜ぶ｝。

③ 時間を｛確める／確かめる｝。

答え16ページ

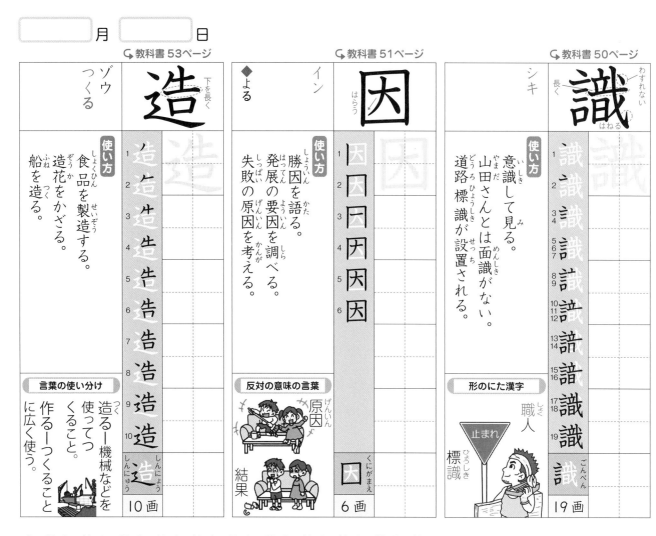

月　　日

ぴったり1 準備

言葉の意味が分かること
原因と結果

教科書 54〜63ページ

新しく学習する漢字

似　限　留　現　接

教科書 55ページ

似

ジ◆　にる

とめる　右上に

1〜7　部首：亻（にんべん）　7画

使い方

- 兄(あに)と顔(かお)が似(に)る。
- よく似合(にあ)っている服(ふく)。
- 似顔絵(にがおえ)をかく。

形の似た漢字

似(に)合(あ)う　以前

教科書 56ページ

限

ゲン　かぎる

画数に注意　はらう　はねる

1〜9　部首：阝（こざとへん）　9画

使い方

- 期限(きげん)を決(き)めて作業(さぎょう)する。
- 無限(むげん)に広(ひろ)がる。
- 一人五個(ひとりごこ)までに限(かぎ)る。

形の似た漢字

屋根　限界(げんかい)

教科書 57ページ

留

リュウ　ル　とめる　とまる

画数に注意　つき出さない

1〜10　部首：田（た）　10画

使い方

- 海外(かいがい)に留学(りゅうがく)する。
- 妹(いもうと)と二人(ふたり)で留守番(るすばん)をする。
- 紙(かみ)をテープで留(と)める。

言葉の使い分け

留(と)める―はなれないようにする。
止める―動かなくする。

教科書 57ページ

現

ゲン　あらわれる　あらわす

はらう　はねる

1〜11　部首：王（おうへん・たまへん）　11画

使い方

- 現実(げんじつ)を見(み)つめ直(なお)す。
- 雲(くも)の間(あいだ)から太陽(たいよう)が現(あらわ)れる。
- へびがすがたを現(あらわ)す。

漢字の覚え方

王を見に現地(げんち)へ行く。

教科書 62ページ

接

セツ　つぐ◆

はねる

1〜11　部首：扌（てへん）　11画

使い方

- お湯(ゆ)を直接注(ちょくせつそそ)ぐ。
- お年寄(としよ)りに接(せっ)する。
- 大都市(だいとし)に接(せっ)する町(まち)に行(い)く。

反対の意味の言葉

間接(かんせつ)　直接(ちょくせつ)

きいて、きいて、きいてみよう／見立てる／言葉の意味が分かること／原因と結果

教科書 46〜63ページ
答え 3ページ

　　月　　日

1 ――線の漢字の読みがなを書きましょう。

① グループごとの報告を聞く。（　　）
② 失敗の原因をさぐる。（　　）
③ 丸太でログハウスをつくる。（　　）
④ 姉はカナダに留学している。（　　）
⑤ 体を使って表現する。（　　）
⑥ 電話ではなく直接会って話す。（　　）
⑦ チケットの使用は当日に限る。（　　）
⑧ 友達の家は家族旅行で留守だ。（　　）

2 □に漢字を書きましょう。

① 弟の□□（しつもん）に答える。
② サッカー部に□□（しょぞく）する。
③ 母にもう一度□（たし）かめる。
④ 他人の目を□□（いしき）する。
⑤ アメリカの□□（せいぶ）の町。
⑥ 大きな船を□（つく）る。
⑦ 父とわたしはよく□（に）ている。

⑧ これは期間□□（げんてい）の商品だ。
⑨ すがたを□（あらわ）す。
⑩ □□（ひんしつ）をチェックする。
⑪ 季節を□（つ）げる鳥が来た。
⑫ 次の試験は合格（かく）□□（かくじつ）だ。
⑬ 本から□□（ちしき）をえる。
⑭ 古代ローマの□□（けんぞう）物。

月　　日

ぴったり2 練習

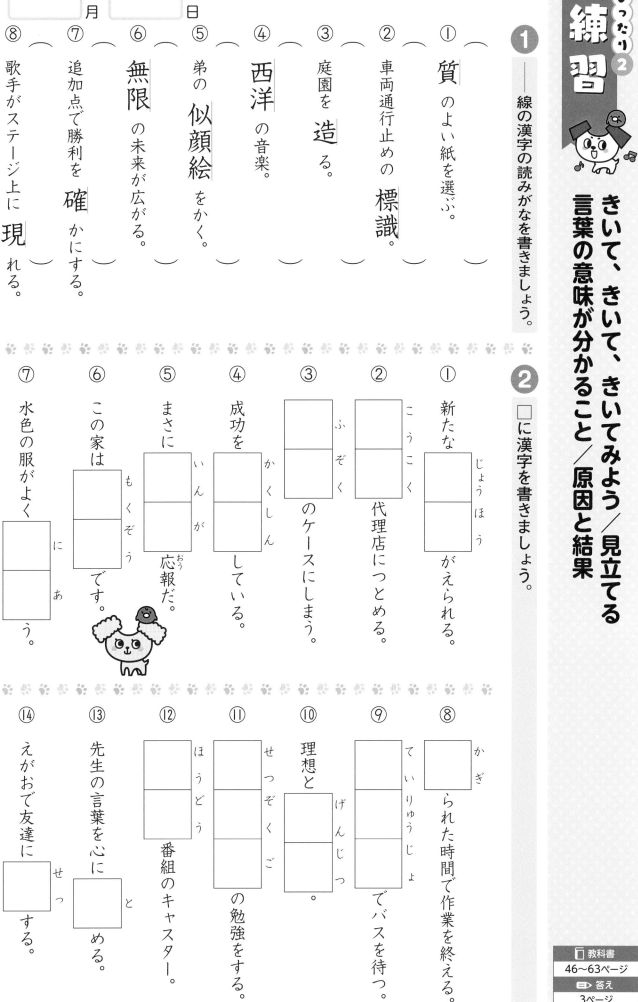

きいて、きいて、きいてみよう／見立てる
言葉の意味が分かること／原因と結果

教科書 46～63ページ
答え 3ページ

1 ——線の漢字の読みがなを書きましょう。

① <u>質</u>（　）のよい紙を選ぶ。
② 車両通行止めの<u>標識</u>（　）。
③ 庭園を<u>造</u>（　）る。
④ <u>西洋</u>（　）の音楽。
⑤ 弟の<u>似顔絵</u>（　）をかく。
⑥ <u>無限</u>（　）の未来が広がる。
⑦ 追加点で勝利を<u>確</u>（　）かにする。
⑧ 歌手がステージ上に<u>現</u>（　）れる。

2 □に漢字を書きましょう。

① 新たな［じょうほう］がえられる。
② ［こうこく］代理店につとめる。
③ ［ふぞく］のケースにしまう。
④ 成功を［かくしん］している。
⑤ まさに［いんが］応（おう）報だ。
⑥ この家は［もくぞう］です。
⑦ 水色の服がよく［にあ］う。

⑧ ［かぎ］られた時間で作業を終える。
⑨ ［ていりゅうじょ］でバスを待つ。
⑩ 理想と［げんじつ］。
⑪ ［せつぞくご］の勉強をする。
⑫ ［ほうどう］番組のキャスター。
⑬ 先生の言葉を心に［と］める。
⑭ えがおで友達に［せっ］する。

月　日

新しく学習する漢字

招　応　勢　河　歴　史　幹

教科書 64〜65ページ

教科書 64ページ

応

オウ
こたえる

使い方

てこの原理（げんり）を応用（おうよう）する。
店（みせ）の対応（たいおう）がすばらしい。
選手（せんしゅ）が呼（よ）びかけに応（こた）えた。

部首

「応」の部首は、「こころ」だよ。

応（こころ）

7画

教科書 64ページ

勢

セイ
いきおい

使い方

勢力（せいりょく）が強（つよ）い台風（たいふう）。
今年（ことし）の運勢（うんせい）をうらなう。
勢（いきお）いのあるチーム。

送りがな

勢い

勢（ちから）

13画

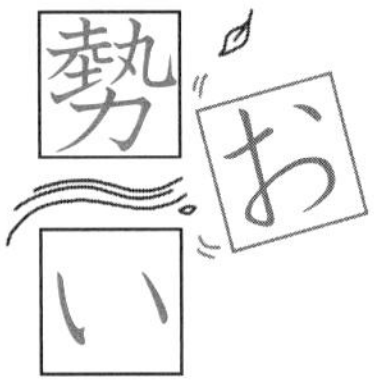

教科書 65ページ

河

カ
かわ

まん中より右から書く
はねる

使い方

河口（かこう）にかかる橋（はし）をわたる。
南極（なんきょく）の氷河（ひょうが）が解（と）ける。
大（おお）きな河（かわ）を下（くだ）る。

形の似た漢字

運河（うんが）
通行を許可する。

河（さんずい）

8画

教科書 65ページ

歴

レキ

使い方

歴史（れきし）に名（な）を残（のこ）す人（ひと）になる。
歴代（れきだい）の校長（こうちょう）の写真（しゃしん）。
立派（りっぱ）な経歴（けいれき）をもつ。

字の形に注意

歴

「正」と書かないように注意しよう！

歴（とめる）

14画

教科書 65ページ

史

シ

使い方

歴史（れきし）の本（ほん）を読（よ）む。
史上初（しじょうはつ）の宇宙旅行（うちゅうりょこう）。
日本（にほん）の歴史（れきし）を日本史（にほんし）という。

筆順

5画目はつき出すよ！

史

史（くち）

5画

月　　日

教科書65ページ

幹

カン
みき

つき出さない
長く
「車」にしない

使い方

新幹線(しんかんせん)に乗(の)る。
団体(だんたい)の幹部(かんぶ)になる。
太(ふと)い幹(みき)にふれる。

1 一　2 十　3 4 古　5 吉　6 直　7 8 卓　9 10 幹　11 幹　12 幹　13 幹

干（かん・いちじゅう）

13画

形の似た漢字

朝

幹(みき)

教科書65ページ

招

ショウ
まねく

つき出さない
はねる
右上に

使い方

招待状(しょうたいじょう)を書(か)く。
委員(いいん)を招集(しょうしゅう)する。
友達(ともだち)を自宅(じたく)に招(まね)く。

1 一　2 十　3 扌　4 扌　5 招　6 招　7 招　8 招

扌（てへん）

8画

形の似た漢字

招待状(しょうたいじょう)

昭和

「史」は、同じ「シ」と読む「使」の右側の「吏」と書かないよう、注意しよう。

漢字クイズ4

答え16ページ

☆下の意味と合う熟語(じゅくご)を考え、例を参考に、熟語カードを完成させましょう。

（表）

例

①

②

③

（裏(うら)）

例　牛や馬などの動物に、えさをあたえて育てること。

①　こわれたり、いたんだりしたものを元どおりにすること。

②　あたえられた仕事などについて、成り行きや結果を知らせること。

③　すぐに始められるように、あらかじめ用意しておくこと。

月　日

ぴったり1 準備

日常を十七音で

教科書 66～69ページ

新しく学習する漢字

句　常　序

教科書 66ページ

句

ク

はらう　はねる

使い方

句点(くてん)と読点(とうてん)を打(う)つ。
俳句(はいく)を作(つく)ってみる。
何(なん)の文句(もんく)もありません。

1 句 2 句 3 句 4 句 5 句

まちがえやすい漢字

× 語　語
区　句

句 くち

5画

教科書 66ページ

常

ジョウ
つね
◆とこ

「⺍」にしない　はねる

使い方

非常識(ひじょうしき)なふるまいをする。
薬(くすり)を常備(じょうび)する。
常(つね)に幸(しあわ)せを願(ねが)う。

1 常 2 常 3 常 4 常 5 常 6 常 7 8 常 9 常 10 常 11 常

字の形に注意

常

「⺍」ではないので注意！

常 はば

11画

教科書 68ページ

序

ジョ

わすれない　はらう　はねる

使い方

順序(じゅんじょ)よくならぶ。
序曲(じょきょく)が流(なが)れる。
本(ほん)の序文(じょぶん)を読(よ)む。

1 序 2 序 3 序 4 序 5 序 6 序 7 序

言葉の意味

序(じょ)の口(くち)ー物事が始まったばかりということ。

7月
1
暑さはまだ序の口だ。

序 まだれ

7画

漢字クイズ 5

☆次の漢字の一部には、共通の部首が入ります。共通する部首を□に書きましょう。

答え 16ページ

部首

① 色・圣・勺・合 → □

② 丁・支・妾・殳 → □

③ 家・完・祭・良 → □

月　日

ぴったり2 練習

敬語（けいご）
日常を十七音で

教科書 64～69ページ
答え 3ページ

1 ―線の漢字の読みがなを書きましょう。

① 大勢で遊びに出かける。（　　）
② 旅行で新幹線に乗る。（　　）
③ 友人の家に招かれる。（　　）
④ 順序よくならんで入場する。（　　）
⑤ 大きな河を船でわたる。（　　）
⑥ 河口の近くで魚つりをする。（　　）
⑦ 物語の序文を読む。（　　）
⑧ 勢力の強い台風が近づく。（　　）

2 □に漢字を書きましょう。

① 弟の要求に□（おう）じる。
② □□（ひょうが）期の様子をえがく。
③ □□（れきし）小説を読む。
④ 夏にちなんだ俳（はい）□（く）を作る。
⑤ 機械が□□（せいじょう）に動く。
⑥ 親切な□□（たいおう）を心がける。
⑦ 水が□（いきお）いよく流れる。

⑧ □□□（せかいし）を勉強する。
⑨ 木の□（みき）が太くなる。
⑩ パーティーに□□（しょうたい）される。
⑪ 災（さい）害には□（つね）に備えておこう。
⑫ 期待に□（こた）える。
⑬ □□（れきだい）の総（そう）理大臣の名前。
⑭ □□（じょうしき）のある行動を取る。

月　　日

漢字の広場①　4年生で習った漢字

教科書 70ページ
答え 4ページ

1 ――線の漢字の読みがなを書きましょう。

① **案内図**で場所を確かめる。（　　）
② 利用者の**要望**に応える。（　　）
③ **戦争**について書かれている本。（　　）
④ **便利**な道具を使う。（　　）
⑤ エジソンの**伝記**を読む。（　　）
⑥ 本の種類を**区別**する。（　　）
⑦ 家具の**配置**を変える。（　　）
⑧ 一人ずつ**順番**に部屋に入る。（　　）

2 □に漢字を書きましょう。

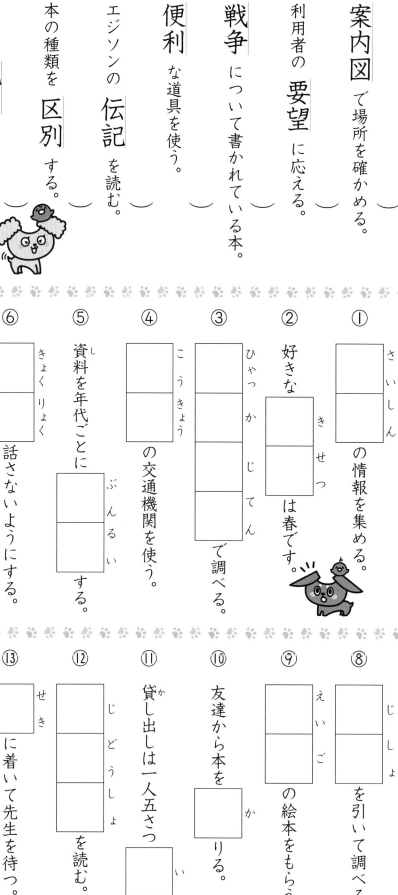

① □□（さいしん）の情報を集める。
② 好きな□□（きせつ）は春です。
③ □□□□（ひゃっかじてん）で調べる。
④ □□（こうきょう）の交通機関を使う。
⑤ 資（し）料を年代ごとに□□（ぶんるい）する。
⑥ □□（きょくりょく）話さないようにする。
⑦ 理科の□□□（さんこうしょ）を買う。

⑧ □□（じしょ）を引いて調べる。
⑨ □□（えいご）の絵本をもらう。
⑩ 友達から本を□（か）りる。
⑪ 貸（か）し出しは一人五さつ□□（いない）。
⑫ □□□（じどうしょ）を読む。
⑬ □（せき）に着いて先生を待つ。
⑭ □□（せつめい）文を読む。

月　日

ぴったり1 準備

古典の世界（一）

教科書 71〜75ページ

新しく学習する漢字

武　士

教科書 73ページ

武　ムブ

最後にわすれない　はねる　とめる

1 武　2 武　3 武　4 武　5 武　6 武　7 武　8 武

8画

使い方

武士の生活を調べる。
兵士が重たい武器を持つ。
武者人形をかざる。

いろいろな読み方

武者ぶるい
武士

教科書 73ページ

士　シ

長く　短く

1 士　2 士　3 士

士（さむらい）

3画

使い方

消防士になりたい。
強い戦士が登場する。
刀を持った武士の人形。

形の似た漢字

土俵　力士

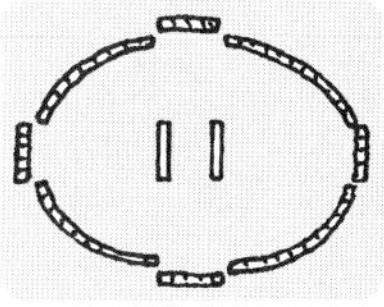

読み方が新しい漢字

漢字	読み方	使い方	前に出た読み方
古	コ	古典を読む	古い本

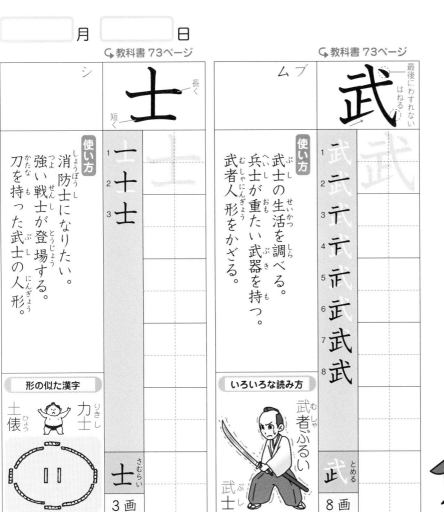

漢字クイズ6

☆例を参考に、計算をして、漢字を答えましょう。

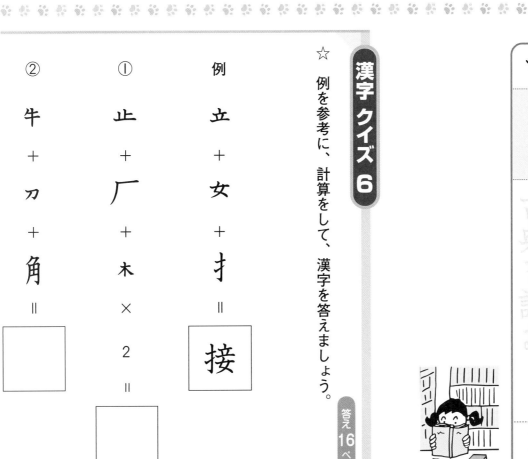

例　立＋女＋扌＝接

①　止＋厂＋木×2＝□

②　牛＋刀＋角＝□

答え16ページ

月　日

ぴったり1 準備

目的に応じて引用するとき みんなが使いやすいデザイン

教科書 76〜83ページ

新しく学習する漢字

資　査　性　非　総

教科書 76ページ

資

シ

平たく書く

使い方

おじが弁護士の資格を得る。
資料に目を通す。
豊富な資源にめぐまれる。

部首：貝（かい・こがい）　13画

形の似た漢字

資料　質問

教科書 77ページ

査

サ

短めに書く　長く

使い方

事故の調査が行われる。
土地の価格を査定してもらう。
視力を検査する。

部首：木（き）　9画

部首

「査」の部首は、「き」だよ。

教科78ページ

性

セイ　◆ショウ

とめる　長く

使い方

おだやかな性格。
知性のある人物と話す。
女性と男性に分かれる。

部首：忄（りっしんべん）　8画

言葉の意味

性急―せっかちなこと。

教科書 79ページ

非

ヒ

はらう

使い方

非常に高額な商品。
この仏像は非公開だ。
非売品のため買えない。

部首：非（あらず・ひ）　8画

部首

「非」は漢字全体が部首(あらず・ひ)だよ。

教科書 83ページ

総

ソウ

はねる

使い方

総合病院に行く。
クラス総当たりで試合をする。
児童の総数を調べる。

部首：糸（いとへん）　14画

形の似た漢字

総量　給食

ぴったり2 練習

古典の世界（一）／目的に応じて引用するとき みんなが使いやすいデザイン

教科書 71～83ページ
答え 4ページ

月　　日

1 ——線の漢字の読みがなを書きましょう。

① 力士がすもうを取る。（　　）
② 資料を取りよせる。（　　）
③ 非常の事態（たい）に備える。（　　）
④ 武者ぶるいをする。（　　）
⑤ 古典文学を読む。（　　）
⑥ 父が資産運用について学ぶ。（　　）
⑦ 読書を通じて知性をみがく。（　　）
⑧ 文武両道を目指す学校。（　　）

2 □に漢字を書きましょう。

① □□（こだい）の日本の生活を想像する。
② □□（ぶし）の生活を調べる。
③ 池の水質を□□（ちょうさ）する。
④ 赤ちゃんの□□（せいべつ）が分かる。
⑤ □□□（そうごうてき）な学習の時間。
⑥ 戦地へ向かう□□（へいし）。
⑦ □□（しきん）がついに底をつく。
⑧ 車を売る前に□□（さてい）する。
⑨ □□（あくせい）の病気を早期に発見する。
⑩ 電話番号は□□□（ひこうかい）の店。
⑪ 知識を□□□（そうどういん）する。
⑫ □□（たいこ）の昔。
⑬ 建設（せっ）□□（しざい）を調達する。
⑭ □□□（ひばいひん）の文ぼう具。

月　日

同じ読み方の漢字

教科書 84～85ページ

新しく学習する漢字

測 舎 往 演 刊 肥 製 謝 罪 暴 防 鉱 績 志 航

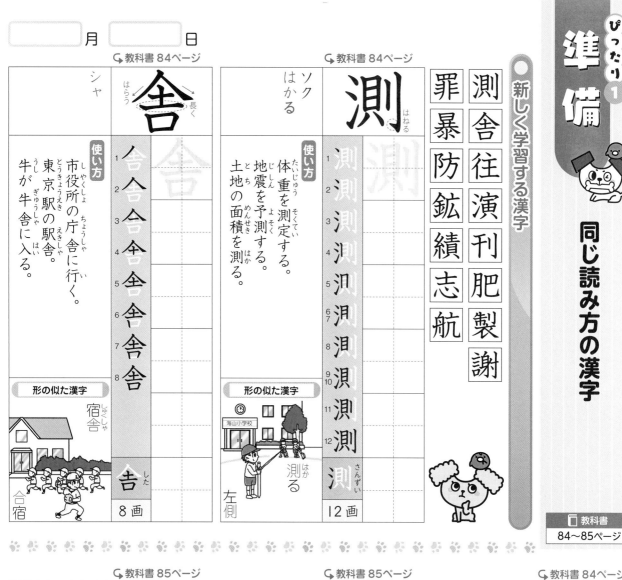

教科書 84ページ

測

ソク　はかる

はねる

使い方
体重を測定する。
地震を予測する。
土地の面積を測る。

さんずい
12画

形の似た漢字

測る
左側

教科書 84ページ

舎

シャ

はらう　長く

使い方
市役所の庁舎に行く。
東京駅の駅舎。
牛が牛舎に入る。

した
8画

形の似た漢字

宿舎
合宿

教科書 84ページ

往

オウ

「亻」にしない

使い方
往来の激しい道を通る。
大雪で車が立ち往生する。
往復のきょりを測る。

ぎょうにんべん
8画

形の似た漢字

往来
住む

教科書 85ページ

演

エン

つける

使い方
演技に感動する。
学芸会で演じる劇を決める。
政治家が演説を始める。

さんずい
14画

字の形に注意

演

教科書 85ページ

刊

カン

左から書く　はねる

使い方
新しい辞書が刊行される。
朝刊を買いに行く。
週刊誌を毎週読む。

りっとう
5画

対になる言葉

夕刊
朝刊

月　　日

教科書85ページ

肥

はねる　はらう

ヒ
こえる
こえ
こやす
こやし

使い方
肥料をまく。
肥えた土地で野菜を作る。
畑に肥をやる。

1 2 3 4 5 6 7 8

字の形に注意

肥

肥 にくづき

8画

教科書85ページ

製

はねる　はらう　はねる

セイ

使い方
製品を海外へ輸出する。
楽器を製造する。
母の手製のエプロンをつける。

1 2 3 4 5 6 7 8 9 10 11 12 13 14

形の似た漢字

製作
制服

衣 ころも

14画

教科書85ページ

謝

出す　出さない　はねる

シャ
◆あやまる

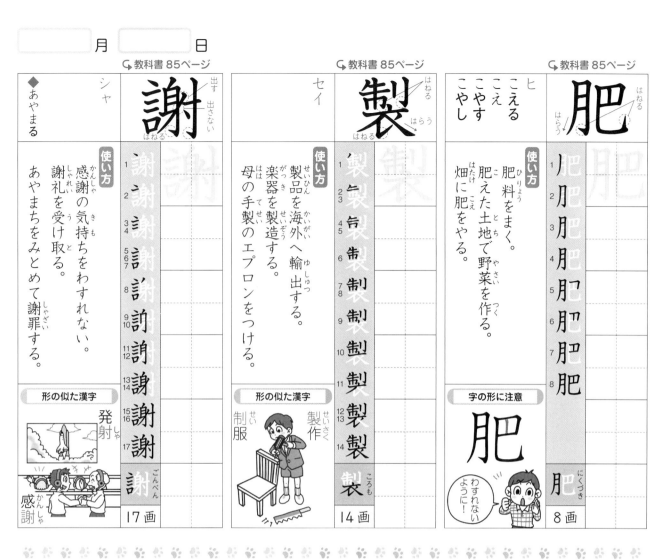

使い方
感謝の気持ちをわすれない。
謝礼を受け取る。
あやまちをみとめて謝罪する。

1 2 3 4 5 6 7 8 9 10 11 12 13 14 15 16 17

形の似た漢字

発射

感謝

言 ごんべん

17画

教科書85ページ

罪

「四」にしない　とめる

ザイ
つみ

使い方
先生に謝罪する。
無罪の判決が出る。
罪の意識をもつ。

1 2 3 4 5 6 7 8 9 10 11 12 13

字の形に注意

罪

罒 あみがしら　あみめ

13画

教科書85ページ

暴

「水」にしない

ボウ
あばれる
◆◆バク
あばく

使い方
暴力をふるってはいけない。
暴飲暴食をしないようにする。
牛が興奮して暴れる。

1 2 3 4 5 6 7 8 9 10 11 12 13 14 15

字の形に注意

暴

日 ひ

15画

教科書85ページ

防

画数に注意　はねる

ボウ
ふせぐ

使い方
消防車が通る。
防犯ベルが鳴る。
事故を未然に防ぐ。

1 2 3 4 5 6 7

形の似た漢字

妨げる

防音

阝 こざとへん

7画

月　　日

教科書85ページ

鉱

コウ

右上へ

使い方

鉄鉱石（てっこうせき）を輸入（ゆにゅう）する。
鉱山（こうざん）が閉山（へいざん）する。
日本（にっぽん）は鉱物資源（こうぶつしげん）がとぼしい。

1 2 3 4 5 6 7 8 9 10 11 12 13

鉱（かねへん）　13画

言葉の使い分け

鉱物（こうぶつ）－地中にできた鉄などの物質のこと。
好物－好きな物のこと。

教科書85ページ

績

セキ

長く

使い方

成績（せいせき）が上（あ）がってうれしい。
試合（しあい）で実績（じっせき）を積（つ）む。
会社（かいしゃ）の業績（ぎょうせき）が上（あ）がる。

1 2 3 4 5 6 7 8 9 10 11 12 13 14 15 16 17

績（いとへん）　17画

形の似た漢字

成績表（せいせきひょう）

積雪

教科書85ページ

志

シ
こころざす
こころざし

下は短く　はねる

使い方

意志（いし）をつらぬく。
医師（いし）を志（こころざ）して勉強（べんきょう）する。
志（こころざし）は常（つね）に高（たか）くもつ。

1 2 3 4 5 6 7

志（こころ）　7画

字の形に注意

志

教科書85ページ

航

コウ

ちがいに注意　上にはねる　はねる

使い方

早朝（そうちょう）に港（みなと）から出航（しゅっこう）する。
台風（たいふう）で船（ふね）が欠航（けっこう）する。
航空会社（こうくうがいしゃ）に社会見学（しゃかいけんがく）に行（い）く。

1 2 3 4 5 6 7 8 9 10

航（ふねへん）　10画

形の似た漢字

航海（こうかい）

船

読み方が新しい漢字

漢字	読み方	使い方	前に出た読み方
計	はかる	時間（じかん）を計（はか）る	計算（けいさん）
糸	シ	金糸（きんし）と銀糸（ぎんし）	糸車（いとぐるま）
牛	ギュウ	水牛（すいぎゅう）のつの	牛（うし）
男	ダン	三人（さんにん）の男性（だんせい）	男（おとこ）の子（こ）

月　　日

ぴったり2 練習

同じ読み方の漢字

1 ――線の漢字の読みがなを書きましょう。

① <u>校舎</u>をそうじする。（　　）
② 家と学校を<u>往復</u>する。（　　）
③ <u>牛肉</u>を使った料理。（　　）
④ <u>防火</u>訓練に参加する。（　　）
⑤ <u>志</u>の高い姉を尊敬（そんけい）する。（　　）
⑥ <u>男性</u>の料理教室に参加する。（　　）
⑦ 身体<u>測定</u>と体力テスト。（　　）
⑧ 大雨がふり、<u>暴風</u>がふく。（　　）

2 □に漢字を書きましょう。

① プールの深さを□（はか）る。
② ストップウォッチで時間を□（はか）る。
③ 有名な□□□（えんしゅつか）。
④ 病院で□□（しゅうかん）誌（し）を読む。
⑤ 農作物に□□（ひりょう）をまく。
⑥ 絹（きぬ）の□□（せいし）工場で働く。
⑦ あやまちをみとめて□□（しゃざい）する。
⑧ □（あば）れる馬を落ち着かせる。
⑨ この□□（こうざん）は文化遺（い）産だ。
⑩ 市長の□□（こうせき）をたたえる。
⑪ □□（こうくう）会社で働きたい。
⑫ かれはもう十分□（つみ）をつぐなった。
⑬ 手あらいとうがいで病気を□（ふせ）ぐ。
⑭ 第一□□（しぼう）の高校に入学する。

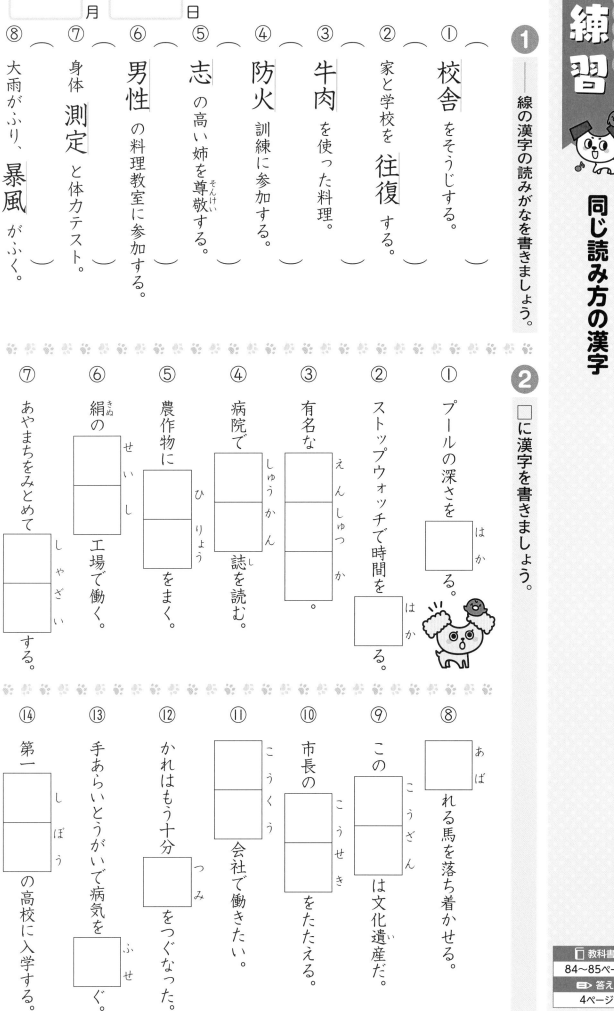

教科書 84～85ページ
答え 4ページ

ぴったり2

練習

同じ読み方の漢字

教科書 84～85ページ
答え 4ページ

1 ――線の漢字の読みがなを書きましょう。

①（　　）時間を**計**る。

②（　　）大会に参加する選手の**宿舎**。

③（　　）人の**往来**がはげしい道。

④（　　）**一糸**みだれぬ行進を見る。

⑤（　　）ダイヤモンドの**鉱石**をほる。

⑥（　　）妹は**意志**が強い。

⑦（　　）よく**肥**えた土地で農業をする。

⑧（　　）姉は音楽家を**志**している。

2 □に漢字を書きましょう。

① 未来を□□（よそく）する。

② 劇（げき）で主役を□（えん）じる。

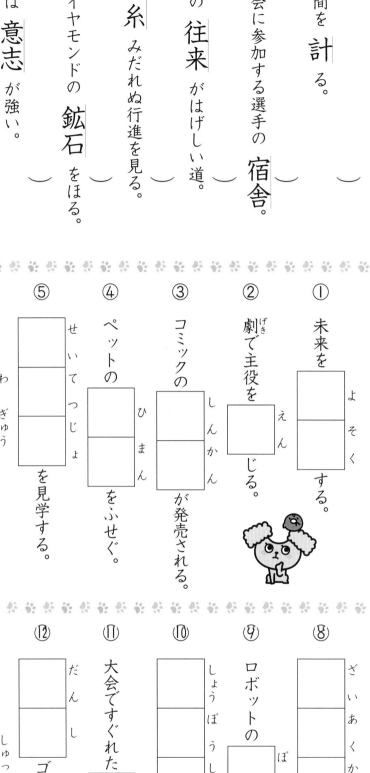

③ コミックの□□（しんかん）が発売される。

④ ペットの□□（ひまん）をふせぐ。

⑤ □□□（せいてつじょ）を見学する。

⑥ 黒毛□□（わぎゅう）の肉を買う。

⑦ □□（かんしゃ）の気持ちを伝える。

⑧ □□□（ざいあくかん）にさいなまれる。

⑨ ロボットの□□（ぼうそう）を止める。

⑩ □□□（しょうぼうしゃ）のサイレン。

⑪ 大会ですぐれた□□（せいせき）を残す。

⑫ □□（だんし）ゴルフの選手。

⑬ 船が港を□□（しゅっこう）する。

⑭ 歴史に残る名□□（えんぜつ）。

月　　日

同じ読み方の漢字

月　日

教科書 84～85ページ
答え 5ページ

1 ――線の漢字の読みがなを書きましょう。

① 鉄道の**駅舎**を建てかえる。（　）
② 目的地への**往路**を考える。（　）
③ 新聞の**朝刊**を読む。（　）
④ 洋服を、たんすの**肥**やしにしない。（　）
⑤ **牛歩**のような足取り。（　）
⑥ 名乗り出れば**罪**には問わない。（　）
⑦ 小学生**男児**が好きな遊び。（　）
⑧ 予算が**肥大**化する。（　）

2 □に漢字を書きましょう。

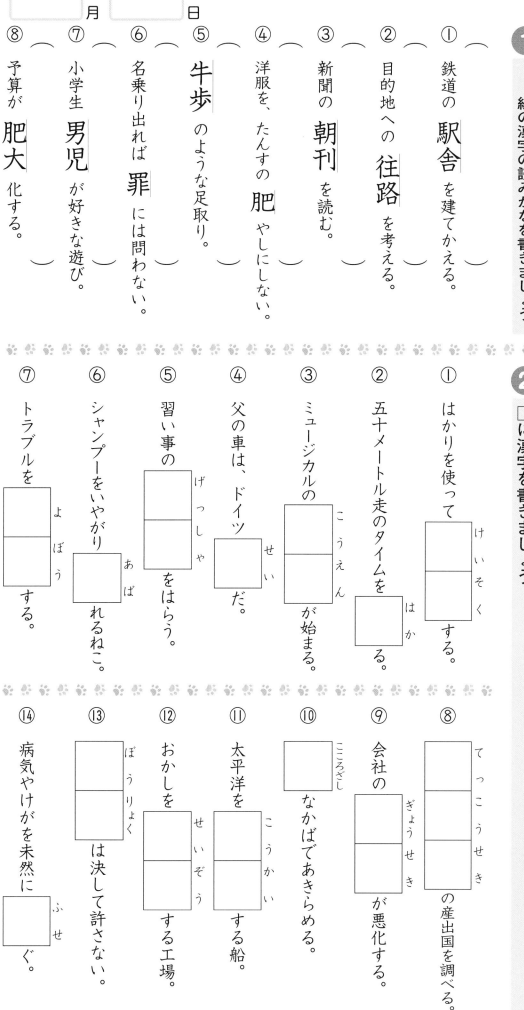

① はかりを使って□□（けいそく）する。
② 五十メートル走のタイムを□（はか）る。
③ ミュージカルの□□（こうえん）が始まる。
④ 父の車は、ドイツ□（せい）だ。
⑤ 習い事の□□（げっしゃ）をはらう。
⑥ シャンプーをいやがり□（あば）れるねこ。
⑦ トラブルを□□（よぼう）する。
⑧ □□□（てっこうせき）の産出国を調べる。
⑨ 会社の□□（ぎょうせき）が悪化する。
⑩ □（こころざし）なかばであきらめる。
⑪ 太平洋を□□（こうかい）する船。
⑫ おかしを□□（せいぞう）する工場。
⑬ □□（ぼうりょく）は決して許さない。
⑭ 病気やけがを未然に□（ふせ）ぐ。

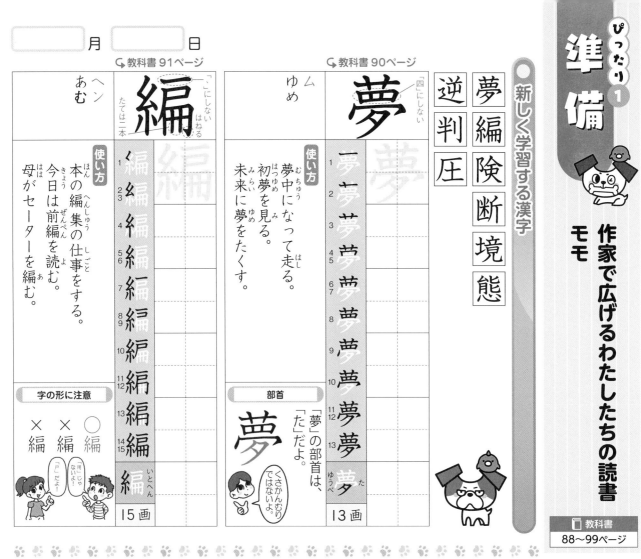

月　日

作家で広げるわたしたちの読書
モモ

教科書 88～99ページ

新しく学習する漢字
夢　編　険　断　境　態　逆　判　圧

教科書 90ページ

夢　ム　ゆめ

「四」にしない

使い方
夢中になって走る。
初夢を見る。
未来に夢をたくす。

部首
夢
「夢」の部首は、「タ」だよ。
くさかんむりではないよ。

夢（ゆうべ）　13画

教科書 91ページ

編　ヘン　あむ

「、」にしない　たては二本　はねる

使い方
本の編集の仕事をする。
今日は前編を読む。
母がセーターを編む。

字の形に注意
○編　×編　×編
「用」じゃないよ！
「戸」だよ！

編（いとへん）　15画

教科書 92ページ

険　ケン　けわしい

つき出さない　画数に注意　はらう

使い方
危険な道をさけて進む。
険悪なムードになる。
険しい表情で話す。

形の似た漢字
険しい
検査

険（こざとへん）　11画

教科書 94ページ

断　ダン　ことわる　◆たつ

はらう

使い方
けがで出場を断念する。
横断歩道をわたる。
友人のさそいを断る。

送りがな
断わ
断る

断（おのづくり）　11画

教科書 94ページ

境　キョウ　さかい　◆ケイ

「意」にしない

使い方
となりの町との境界線。
辺境の地に行く。
県の境にある山に登る。

いろいろな読み方
国境（こっきょう／くにざかい）
漢語と和語だね。

境（つちへん）　14画

月　日

教科書96ページ

態

タイ

はねる

使い方
馬(うま)の生態(せいたい)を調(しら)べる。
事態(じたい)が急変(きゅうへん)する。
態度(たいど)を改(あらた)める。

1 2 3 4 5 6 7 8 9 10 11 12 13 14（筆順）

態（こころ）　14画

部首
「態」の部首は、「こころ」だよ。
態

教科書96ページ

逆

ギャク
さか
さからう

左にはらう

使い方
逆転(ぎゃくてん)して強敵(きょうてき)に勝(か)った。
逆立(さかだ)ちの練習(れんしゅう)をする。
人(ひと)の流(なが)れに逆(さか)らう。

1 2 3 4 5 6 7 8 9（筆順）

辶（しんにょう・しんにゅう）　9画

反対の意味の言葉
逆風(ぎゃくふう)

順風

教科書96ページ

判

ハン
バン

はねる

使い方
正(ただ)しい判断(はんだん)をする。
事実(じじつ)が判明(はんめい)する。
小判(こばん)を発見(はっけん)する。

1 2 3 4 5 6 7（筆順）

刂（りっとう）　7画

いろいろな読み方
判断(はんだん)
小判(こばん)

教科書98ページ

圧

アツ

はらう　長く

使い方
圧力(あつりょく)が大(おお)きくなる。
重圧(じゅうあつ)を感(かん)じる。
気圧(きあつ)が変化(へんか)する。

1 2 3 4 5（筆順）

土（つち）　5画

部首
「圧」の部首は、「つち」だよ。
圧

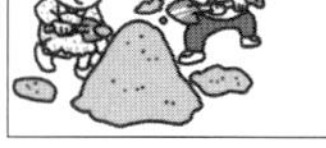

読み方が新しい漢字

漢字	読み方	使い方	前に出た読み方
角	かど	曲(ま)がり角(かど)	四角形(しかくけい)
左	サ	信号(しんごう)で左折(させつ)	左(ひだり)
右	ユウ	左右(さゆう)を見(み)る	右足(みぎあし)　右折(うせつ)

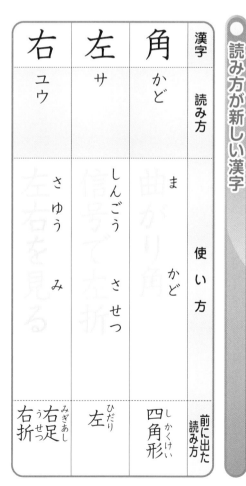

作家で広げるわたしたちの読書
モモ

月　日

1 ――線の漢字の読みがなを書きましょう。

① 悪夢を見て、とび起きる。（　）
② 長編小説を書く。（　）
③ 身の危(き)険を感じる。（　）
④ 曲がり角で止まる。（　）
⑤ 事態が急に変わる。（　）
⑥ 父のせなかは逆三角形だ。（　）
⑦ 水圧のせいで耳がいたい。（　）
⑧ 兄の自転車を無断で使う。（　）

2 □に漢字を書きましょう。

① 友達のさそいを□(ことわ)る。
② 地図で□□(こっきょう)を確かめる。
③ □□(おおばん)のハンカチを広げる。
④ 鳥が□□(さゆう)のつばさを広げる。
⑤ おさないころの□(ゆめ)を見る。
⑥ 姉がマフラーを□(あ)む。
⑦ 兄が□(けわ)しい顔をしている。

⑧ 生死の□(さかい)をさまよう。
⑨ 弟の□□(たいど)を注意する。
⑩ □□(さかだ)ちをして歩く。
⑪ □□(あつりょく)なべで調理する。
⑫ 着順を□□(はんてい)する。
⑬ バスが□□(させつ)する。
⑭ 相手チームに□□(あっしょう)する。

教科書 88～99ページ
答え 5ページ

ぴったり2 練習

作家で広げるわたしたちの読書
モモ

教科書 88〜99ページ
答え 5ページ

　月　　日

1 ——線の漢字の読みがなを書きましょう。

①（　　）**夢中**になって遊ぶ。

②（　　）けんかをして**険悪**な様子になる。

③（　　）**角**のある言い方をしない。

④（　　）ねこに**小判**、馬の耳に念仏（ぶつ）。

⑤（　　）山（さん）ちょうへの道は**険**しい。

⑥（　　）**断**りの電話を入れる。

⑦（　　）兄が親に**逆**らう。

⑧（　　）**短編**小説を読む。

2 □に漢字を書きましょう。

① 本の□□（へんしゅう）にたずさわる。

② □□（けつだん）をせまられる。

③ □□（しんきょう）に変化があった。

④ 経えいの□□（じったい）を調べる。

⑤ □□（ぎゃくてん）の発想。

⑥ □□（さかん）職人（しょく）の仕事。

⑦ □□□（こうあつてき）にせめられる。

⑧ □（ゆめ）うらないの本を読む。

⑨ 母は毎朝、妹のかみを□（あ）む。

⑩ となりの家との□（さかい）にさくがある。

⑪ 海鳥の□□（せいたい）を研究する。

⑫ 暗くて、だれか□□（はんべつ）できない。

⑬ □□（きあつ）の変化で体調をくずす。

⑭ 万が一に備え、保（ほ）□（けん）をかける。

夏のチャレンジテスト①

月　日

時間30分　／100　合格80点

教科書 20〜99ページ　答え 6ページ

1 ――線の漢字の読みがなを書きましょう。　一つ2点（32点）

① 容器（　）の大きさを測（　）る。
② 標準（　）問題ができたら、次は応用（　）問題だ。
③ 武士（　）をえがいた本を夢中（　）で読む。
④ 眼科（　）の医者になることを志（　）す。
⑤ 読解（　）問題を勉強したので、テストが解（　）けた。
⑥ 病気を予防（　）するには清潔（　）さは欠かせない。
⑦ 適度（　）に休みをとっても構（　）わない。
⑧ チーム一丸（　）で戦い、大会で賞（　）を取った。

2 次の意味をもつ熟（じゅく）語を、□の漢字を組み合わせて作りましょう。（□には使わない漢字もあります。）　一つ2点（4点）

① しょう来のことを、前もっておしはかること。
② 各部分を合わせて全体を組み立てること。

構　行　測　成　予

3 次の漢字にはいくつかの読み方があります。――線の漢字の読みがなを書きましょう。　一つ2点（24点）

① 現　現実（　）　現れる（　）
② 経　経験（　）　経る（　）
③ 備　備品（　）　備える（　）
④ 易　安易（　）　交易（　）　易しい（　）
⑤ 留　留学（　）　留守番（　）　留める（　）

□月□日

4 □に漢字を書きましょう。

一つ2点(28点)

① □□（かんしゃ）の言葉。

② ミスを□□（しゅうせい）する。

③ □（ただ）ちに出発する。

④ □□（めんしき）のない人。

⑤ □□（そうぞう）がつく。

⑥ □□（せいりょく）を強める。

⑦ 使用を□□（きょか）する。

⑧ □□（まるた）小屋でくらす。

⑨ 県の□□（せいぶ）にある山。

⑩ 記録を□（やぶ）る。

⑪ □□（きんぞく）でできた皿。

⑫ □□（あいけん）の写真。

⑬ 海に近い□□（かこう）付近。

⑭ 学習□□（たいど）がよい。

5 例にならって、——線の平がなを、漢字と送りがなに分けて書きましょう。

一つ2点(6点)

例 デザインを<u>かんがえる</u>。 〔考 ― える〕

① 入会を<u>ことわる</u>。 〔　―　〕

② 学問を<u>おさめる</u>。 〔　―　〕

③ 安全を<u>たしかめる</u>。 〔　―　〕

6 次の□に、上で示(しめ)した読み方をする漢字を入れて、熟語(じゅくご)を完成させましょう。

一つ1点(6点)

① ジョウ　ア 表□　イ 病□

② セツ　ア □明　イ □続

③ ホウ　ア □牧　イ □告

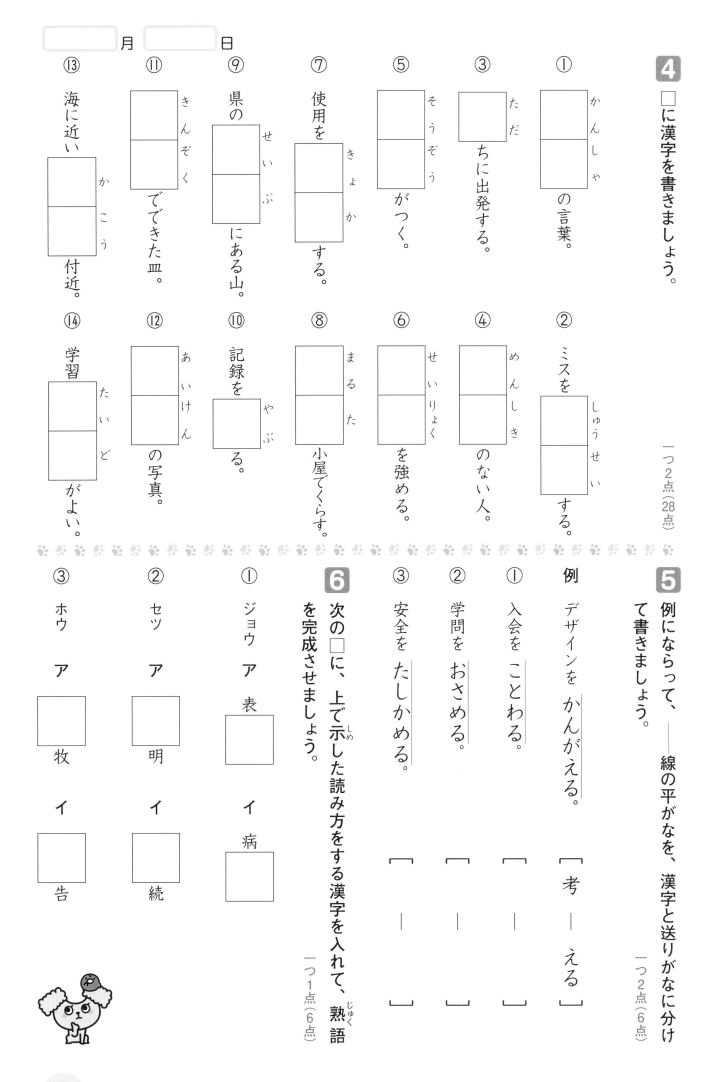

月　日

夏のチャレンジテスト②

時間30分　／100　合格80点

教科書 20〜99ページ　答え 6ページ

1 ――線の漢字の読みがなを書きましょう。　一つ2点（30点）

① 祖母（　）がおいしい赤飯（　）をたく。

② 古典（　）の本が図書館にあるか確（　）かめる。

③ 品質（　）にこだわったカバンを製造（　）する。

④ 歴史（　）の勉強をするため、編入（　）試験を受ける。

⑤ あまりにも非現実的（　）な計画だ。

⑥ 応接室（　）はとても寒いので、厚着（　）をする。

⑦ 肥満（　）を解消するため、校舎（　）の周りを走る。

⑧ 友達を家に招待（　）するため、昨日から準備（　）した。

2 次の意味をもつ熟語を、□の漢字を組み合わせて作りましょう。（□には使わない漢字もあります。）　一つ2点（4点）

① 外国に行って勉強すること。　□□

② ある物事を行う能力、うで前のこと。　□□

量　留　技　常　適　学

3 次の熟語と反対の意味をもつ熟語を□に書きましょう。　一つ2点（8点）

例 北極 ↕ 南極

① 単数 ↕ □

② 直接 ↕ □

③ 復路 ↕ □

④ 結果 ↕ □

月　日

4 □に漢字を書きましょう。

一つ2点（28点）

① 本を□□（かんこう）する。

② 畑に□（こ）やしをまく。

③ 笑い声が□（た）えない。

④ □□（そうり）大臣が来る。

⑤ □□（げんてい）のメニュー。

⑥ 木の□（みき）によりかかる。

⑦ □□（はんだん）を下す。

⑧ そこに曲がり□（かど）がある。

⑨ 夏が終わりを□（つ）げる。

⑩ 父の教えに□（さか）らう。

⑪ テレビに□□（しゅつえん）する。

⑫ □□（ちしき）を深める。

⑬ 学力を□□（ちょうさ）する。

⑭ 鉄の□□（こうざん）。

5 次の文から、まちがって使われている漢字をぬき出し、正しい漢字を書きましょう。

一つ5点、両方できて正解（10点）

① 努力（どりょく）により成績（せいせき）が上（あ）がる。　×□ → ○□

② 川（かわ）の長（なが）さを計側（けいそく）する。　×□ → ○□

6 次の漢字の部首名と、その部首の画数を漢字で書きましょう。

一つ2点（20点）

	漢字	部首名	部首の画数
例	花	くさかんむり	三
①	桜		
②	厚		
③	喜		
④	停		
⑤	造		

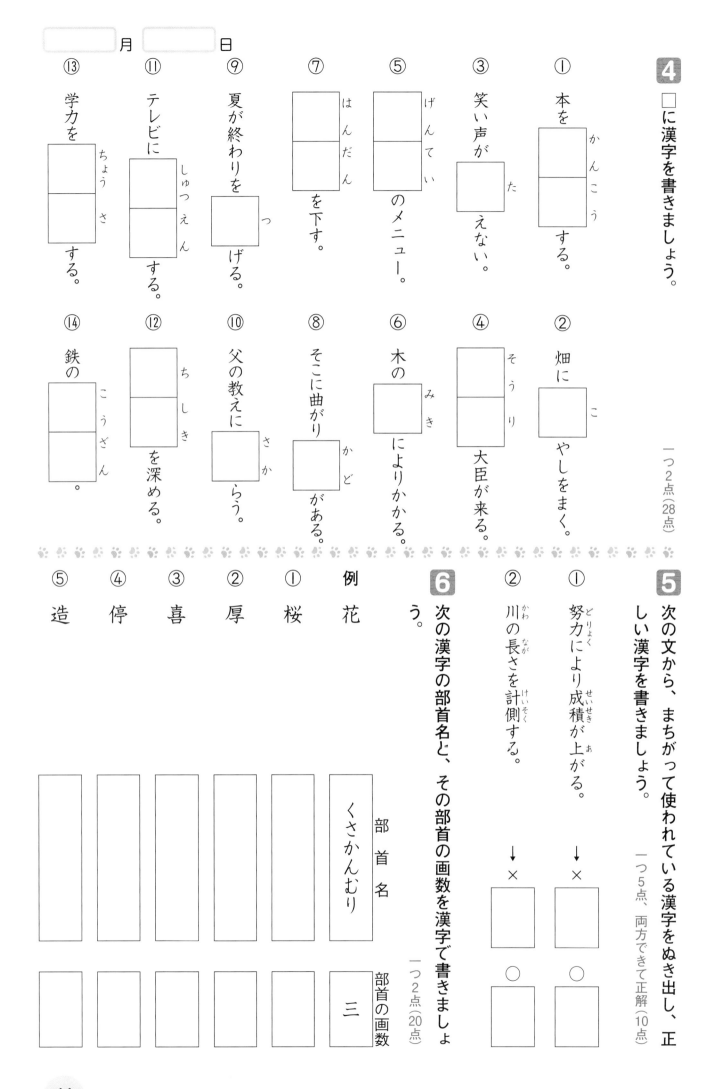

月　日

ぴったり1 準備

どちらを選びますか
新聞を読もう

教科書 104〜109ページ

新しく学習する漢字

得　比　政　興　示

教科書 105ページ

得

トク
える
◆うる

少し長く　つき出さない　とめる　はねる

使い方
鉄棒が得意な友達。
チームの得点を記録する。
出場の機会を得る。

1 2 3 4 5 6 7 8 9 10 11
得（ぎょうにんべん）
11画

反対の意味の言葉

得点

失点

教科書 105ページ

比

ヒ
くらべる

はねる

使い方
二つの要点を対比させる。
高齢者の人口比率が上がる。
身長を比べる。

1 2 3 4
比（ならびひ・くらべる）
4画

部首

比

「比」は漢字全体が部首だよ。

教科書 106ページ

政

セイ
◆◆ショウ
まつりごと

はらう

使い方
政治について調べる。
支持する政党がない。
政見放送を見る。

1 2 3 4 5 6 7 8 9
攵（のぶん・ぼくづくり）
9画

部首

政

「政」の部首は、「のぶん」だよ。

教科書 106ページ

興

コウ
キョウ
◆◆おこる
おこす

長く　とめる　はらう

使い方
興奮して落ち着かない。
復興した町をおとずれる。
歴史に興味をもつ。

1 2 3 4 5 6 7 8 9 10 11 12 13 14 15 16
臼（うす）
16画

部首

興

「興」の部首は、「うす」だよ。

教科書 108ページ

示

ジ
しめす
◆シ

下を長く書く　はねる

使い方
先生の指示にしたがう。
けい示板を見る。
絵にかいて示す。

1 2 3 4 5
示（しめす）
5画

送りがな

○示す
×示めす

ぴったり1 準備

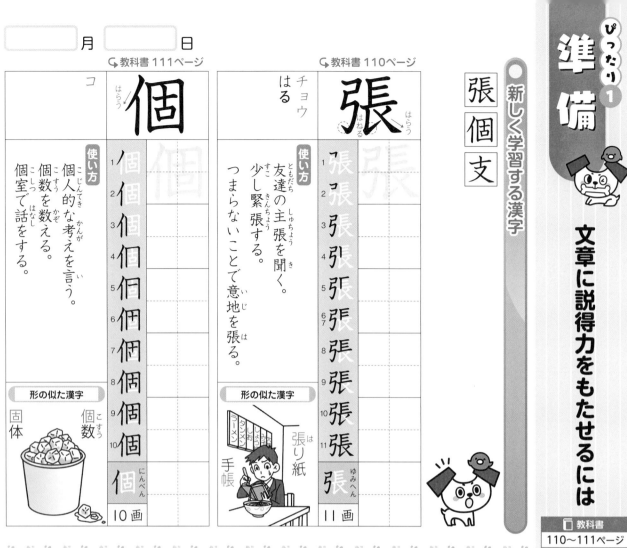

文章に説得力をもたせるには

教科書 110〜111ページ

新しく学習する漢字

張　個　支

月　　日

教科書 110ページ

張

チョウ
はる

（はねる）（はらう）

使い方
- 友達（ともだち）の主張（しゅちょう）を聞（き）く。
- 少（すこ）し緊張（きんちょう）する。
- つまらないことで意地（いじ）を張（は）る。

形の似た漢字

張（は）り紙
手帳

張（ゆみへん）　11画

教科書 111ページ

個

コ

（はらう）

使い方
- 個人的（こじんてき）な考（かんが）えを言（い）う。
- 個数（こすう）を数（かぞ）える。
- 個室（こしつ）で話（はなし）をする。

形の似た漢字

個数（こすう）
固体

個（にんべん）　10画

教科書 110ページ

支

シ
ささえる

（はなす）（はらう）

使い方
- 料金（りょうきん）を支（し）はらう。
- 福岡（ふくおか）に支社（ししゃ）ができる。
- チームを支（ささ）える。

送りがな

支（し）　4画

漢字クイズ 7

☆ 文に合う漢字を選んで、□に書きましょう。

① {固・個} 別に教える。　□

② よい成 {積・績} をおさめる。　□

③ 車の {往・住} 来がはげしい。　□

答え16ページ

月　日

ぴったり2 練習

どちらを選びますか／新聞を読もう
文章に説得力をもたせるには

教科書 104～111ページ
答え 7ページ

1 ―線の漢字の読みがなを書きましょう。

① フランス<u>政府</u>の発表を聞く。（　　）
② 行き先を<u>示</u>す看板（かん）。（　　）
③ 柱でしっかりと<u>支</u>える。（　　）
④ 犬が<u>得意顔</u>でわたしを見上げる。（　　）
⑤ 二つの例えを<u>対比</u>してみる。（　　）
⑥ <u>政界</u>に進出する。（　　）
⑦ 花火大会などの<u>興行</u>。（　　）
⑧ 輪ゴムを引っ<u>張</u>る。（　　）

2 □に漢字を書きましょう。

① ゲームで□□（とくてん）をあげる。
② どちらの身長が高いか□（くら）べる。
③ 花の名前に□□（きょうみ）をもつ。
④ 自分の意見を□□（しゅちょう）する。
⑤ わたし□□（こじん）の意見をのべる。
⑥ 生産者の名前を□□（ひょうじ）する。
⑦ おたがいに意地を□（は）る。
⑧ 各人の□□（こせい）を大切にする。
⑨ 銀行の□□（してん）ができる。
⑩ 家族の協力を□（え）る。
⑪ 算数で□□（ひれい）の式を学ぶ。
⑫ コーチが選手に□□（しじ）を出す。
⑬ 父が□□（しゅっちょう）から帰る。
⑭ りんごの□□（こすう）を数える。

漢字の広場②
4年生で習った漢字

教科書 112ページ
答え 7ページ

月　日

1 ――線の漢字の読みがなを書きましょう。

① 自然保護(ほご)のイベントに参加する。（　）
② 山登りに熱中する。（　）
③ 悪天候のため、遠足を中止(し)する。（　）
④ 食費(ひ)の節約は茨の道だ。（　）
⑤ しかられて反省する。（　）
⑥ 仲間といっしょに特訓する。（　）
⑦ 失敗をおそれて不安になる。（　）
⑧ 飛行機に乗るのは初めてだ。（　）

2 □に漢字を書きましょう。

① 兄が中学校を□□(そつぎょう)する。
② あせを流して□(はたら)く。
③ □□(もくひょう)を達成する。
④ 天気は□□(りょうこう)だ。
⑤ あきらめずに□□(どりょく)する。
⑥ ようやく□□(くろう)がむくわれる。
⑦ □(つめ)たい水を飲む。
⑧ テストの前に□□(ひっし)で勉強する。
⑨ 長年の□□(ひがん)がかなった。
⑩ 実験を□□(せいこう)させる。
⑪ 応えん団(だん)が□(はた)をふる。
⑫ どんな時も□□(きぼう)をすてない。
⑬ □□□(れんたいかん)のあるチームだ。
⑭ □□(しんねん)を曲げずに行動しよう。

月　日

ぴったり1 準備

たずねびと

教科書 113〜130ページ

新しく学習する漢字

迷　在　独　弁　検　提　寄　余　仏

教科書 114ページ

迷

まよう　◆メイ

とめる

使い方
- 答(こた)えに迷(まよ)う。
- 山(やま)で道(みち)に迷(まよ)う。
- どれにしようか迷(まよ)う。

1 迷　2 迷　3 迷　4 迷　5 迷　6 迷　7 迷　8 迷　9 迷

迷 しんにょう（しんにゅう）　9画

形の似た漢字

迷(まよ)う　記述(じゅつ)

教科書 117ページ

在

ザイ　ある

少し出す　はらう　少し長く

使い方
- 現在(げんざい)の時刻(じこく)を聞(き)く。
- 在校生(ざいこうせい)から代表(だいひょう)を選(えら)ぶ。
- 東(ひがし)に在(あ)る国(くに)。

1 在　2 在　3 在　4 在　5 在　6 在

在 つち　6画

仲間の言葉

過去(かこ)↔現在(げんざい)↔未来

教科書 119ページ

独

ドク　ひとり

つき出さない　はねる　とめる

使い方
- 独自(どくじ)のやり方(かた)を考(かんが)える。
- 兄(あに)が親(おや)から独立(どくりつ)する。
- 独(ひと)りぼっちになる。

1 独　2 独　3 独　4 独　5 独　6 独　7 独　8 独　9 独

独 けものへん　9画

言葉の使い分け

独(ひと)り―自分だけのこと。

一人―人数がその人だけのこと。

教科書 119ページ

弁

ベン

長く　はらう

使い方
- 遠足(えんそく)に弁当(べんとう)を持参(じさん)する。
- 弁護士(べんごし)に相談(そうだん)する。
- 発言(はつげん)について弁明(べんめい)する。

1 弁　2 弁　3 弁　4 弁　5 弁

弁 にじゅうあし（こまぬき）　5画

言葉の意味

「弁(べん)」は地方の下につくと方言を表す。

教科書 121ページ

検

ケン

つき出さない　はらう

使い方
- エレベーターを点検(てんけん)する。
- のどの検査(けんさ)を受(う)ける。
- 体温計(たいおんけい)で検温(けんおん)する。

1 検　2 検　3 検　4 検　5 検　6 検　7 検　8 検　9 検　10 検　11 検　12 検

検 きへん　12画

形の似た漢字

実験　検査(けんさ)

月　日

教科書122ページ

提

テイ
◆さげる

つき出さない

使い方
病院（びょういん）で保険証（ほけんしょう）を提示（ていじ）する。
ノートを提出（ていしゅつ）する。
来（く）ることを前提（ぜんてい）に話（はなし）をする。

筆順
「提」の1〜3画目に注意する。

①
②
③
気をつけようね！

提　てへん　12画

教科書123ページ

寄

キ
よる
よせる

長く　はねる

使い方
お金（かね）を寄付（きふ）する。
友達（ともだち）の家（いえ）に寄（よ）る。
本（ほん）を左（ひだり）に寄（よ）せる。

形の似た漢字
奇術（きじゅつ）

寄（よ）る

寄　うかんむり　11画

教科書123ページ

余

ヨ
あまる
あます

はねる

使い方
余計（よけい）な心配（しんぱい）はいらない。
紙（かみ）が三枚（さんまい）余（あま）る。
時間（じかん）を持（も）て余（あま）す。

字の形に注意
×　余
○　余
×　余

迷うけど、これ！

余　ひとやね　7画

教科書124ページ

仏

ブツ
ほとけ

使い方
仏教（ぶっきょう）の教（おし）えを学（まな）ぶ。
神仏（しんぶつ）をうやまう。
仏様（ほとけさま）をおがむ。

ことわざ
仏（ほとけ）の顔（かお）も三度（さんど）
情け深い人でも、何度もひどいことをされるとおこること。

仏　にんべん　4画

特別な読み方をする言葉

言葉	使い方
真面目（まじめ）	まじめ　かお 真面目な顔をする

同じ「ケン」という読み方をする「検」「険」「験」は書きまちがえやすいので注意しよう。

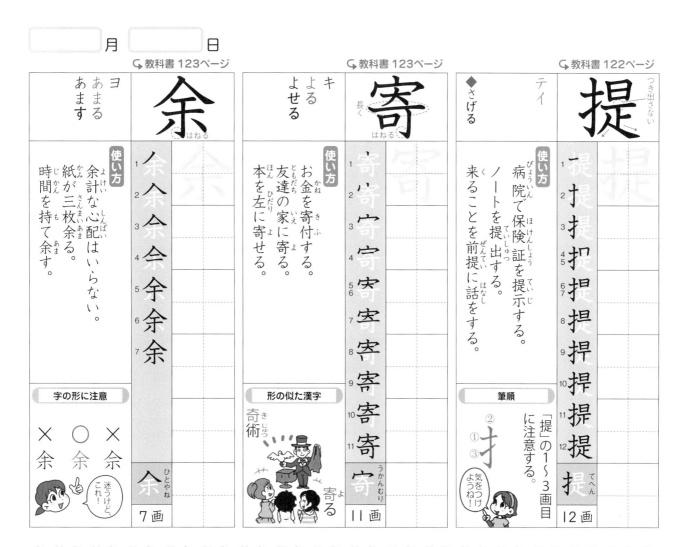

月　日

たずねびと

1 ―線の漢字の読みがなを書きましょう。

① その人は**実在**の人物だ。（　）

② 異常（い）がないか**検査**する。（　）

③ 学級会で**提案**する。（　）

④ みんなでアイデアを持ち**寄**る。（　）

⑤ 目的地までは一時間**余**りかかる。（　）

⑥ **真面目**に働く。（　）

⑦ 人間としての**在**り方を考える。（　）

⑧ **独自**に開発する。（　）

2 □に漢字を書きましょう。

① 何を食べようかと□（まよ）う。

② □（ひと）り言を聞かれてしまった。

③ 父が作ってくれた□□（べんとう）。

④ かれにだって□□（ほとけごころ）はある。

⑤ 機器を□□（てんけん）する。

⑥ 理解を□□（ぜんてい）に話を進める。

⑦ 本を図書館に□□（きふ）する。

⑧ □□（よぶん）な油を使わない料理。

⑨ 思ったよりお金が□（あま）った。

⑩ 有名な□□（ぶっきょう）の寺院。

⑪ □□（たんどく）で行動する。

⑫ 好きな本について□□（ねつべん）をふるう。

⑬ 打ち□（よ）せる波をながめる。

⑭ 休日は時間をもて□（あま）す。

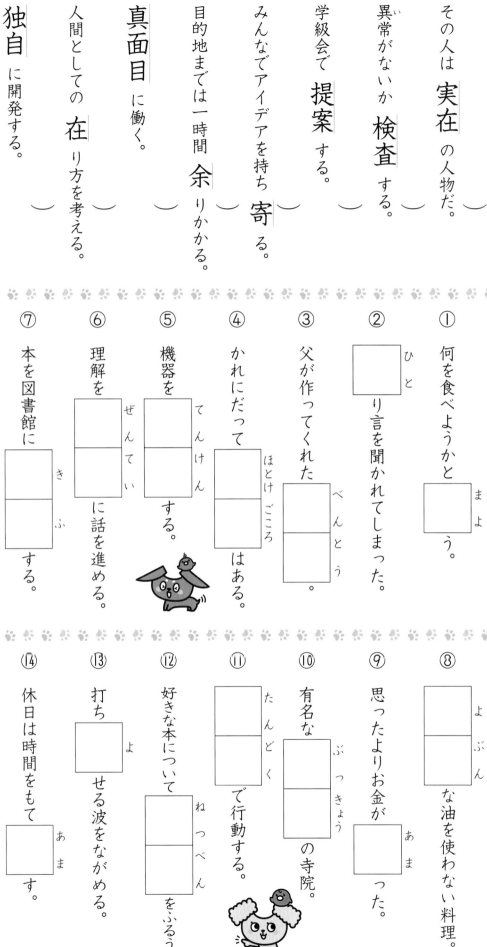

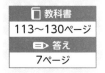

教科書 113〜130ページ
答え 7ページ

ぴったり2 練習

漢字の広場③ 4年生で習った漢字

教科書 131ページ
答え 7ページ

月　日

1 ――線の漢字の読みがなを書きましょう。

① 都道府県の名前を覚える。（　　）
② 日本の通貨の単位は円です。（　　）
③ 三角形の底辺。（　　）
④ 家具をかべに固定する。（　　）
⑤ 当番が給食の準備をする。（　　）
⑥ インゲン豆の種をまく。（　　）
⑦ 健康に気をつけよう。（　　）
⑧ 液体(えき)を加熱する。（　　）

2 □に漢字を書きましょう。

① 世界の海で□□(ぎょぎょう)が行われている。
② □□□□(にほんかくち)を旅する。
③ 図形の□□(めんせき)を求める。
④ □□(はんけい)五センチメートルの円。
⑤ 気温が□□(へんか)する。
⑥ 理科で□□□(しけんかん)を使う。
⑦ □□(かんさつ)日記をつける。
⑧ 調査の□□(けっか)を報告する。
⑨ リレー大会の□□(きろく)をつける。
⑩ 得意な□□(がっき)を演奏(そう)する。
⑪ 分数の計算の□□(れいだい)を解く。
⑫ 校庭を□□(いっしゅう)する。
⑬ 先生が□□(ごうれい)をかける。
⑭ ヒマワリが□(め)を出す。

ぴったり1 準備

方言と共通語
よりよい学校生活のために

教科書 132〜141ページ

新しく学習する漢字

貸　効　条　件　保　評　価　賛

教科書 132ページ

貸（平たく書く）

かす　◆タイ

使い方
弟に本を貸す。
友達に手を貸す。
お金の貸し借りはしない。

部首：貝（かい・こがい）　12画

反対の意味の言葉
貸す
借りる

教科書 133ページ

効（とめる・はねる）

コウ　きく

使い方
勉強の効率が上がる。
夏ばてに有効な食べ物。
この薬はかぜに効く。

部首：力（ちから）　8画

言葉の使い分け
効く―効き目があること。
利く―十分な働きをすること。

教科書 137ページ

条（はらう）

ジョウ

使い方
外国と条約を結ぶ。
条件を聞く。
市の条例を読む。

部首：木（き）　7画

部首
「条」の部首は、「き」だよ。

教科書 137ページ

件（つき出す・少し長く）

ケン

使い方
用件がすんだので帰る。
事件が解決する。
火事が三件起こる。

部首：亻（にんべん）　6画

漢字の覚え方
人（亻）と牛が仲のよい件。

教科書 137ページ

保（はらう）

ホ　たもつ

使い方
けがをして保健室に行く。
冷蔵庫で保存する。
温かさを保っている。

部首：亻（にんべん）　9画

言葉の使い分け
保健―健康を保つこと。
保険―損害をつぐなう補償のこと。

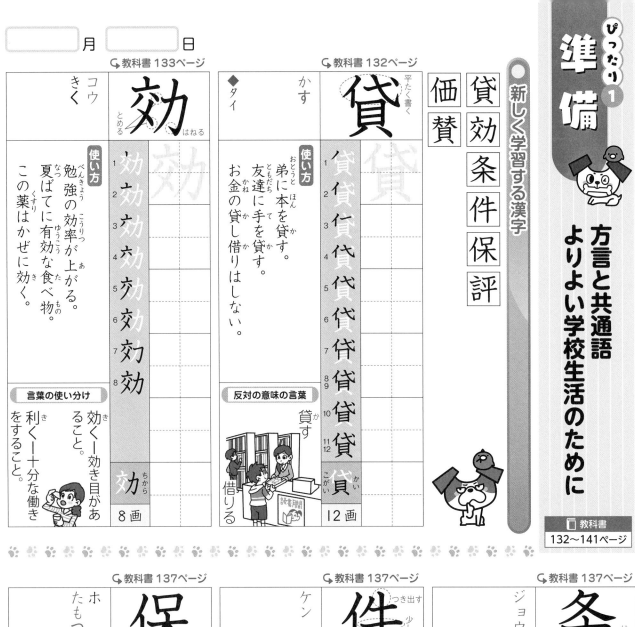

月　日

教科書139ページ

評

ヒョウ

向きに気をつける

1 2 3 4 5 6 7 8 9 10 11 12

使い方

近所でも評判がよい店。
先生の評価を聞く。
子どもに好評の商品。

漢字の成り立ち

「言」と「平」を合わせて「評」ができたよ。

評（ごんべん）

12画

教科書139ページ

価

カ

◆あたい

「西」にしない

1 2 3 4 5 6 7 8

使い方

一円の価値もない。
定価の半額で買う。
商品の価格を調べる。

字の形に注意

価

価（にんべん）

8画

教科書139ページ

賛

サン

とめる　はらう

1 2 3 4 5 6 7 8 9 10 11 12 13 14 15

使い方

君の意見に賛成する。
友達に賛同する。
世界で絶賛された映画。

反対の意味の言葉

賛成

反対

貝（こがい）

15画

漢字クイズ8

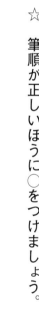

☆筆順が正しいほうに○をつけましょう。

①
ア　、　冫　丬　丬　壮　状　状
イ　丨　丬　丬　丬　壮　状　状

②
ア　㇇　阝　阝　阝'　阝亠　防　防
イ　丨　阝　阝　阝'　阝亠　防　防

③
ア　丶　丷　宀　宀　宀　宀　宊　寄　寄　寄　寄
イ　丶　丷　宀　宀　宀　宀　宊　寄　寄　寄　寄

④
ア　一　厂　ア　石　石　石'　矿　矽　破　破
イ　一　厂　ア　石　石　石'　矿　矽　破　破

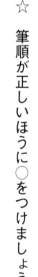

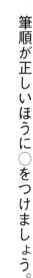

答え16ページ

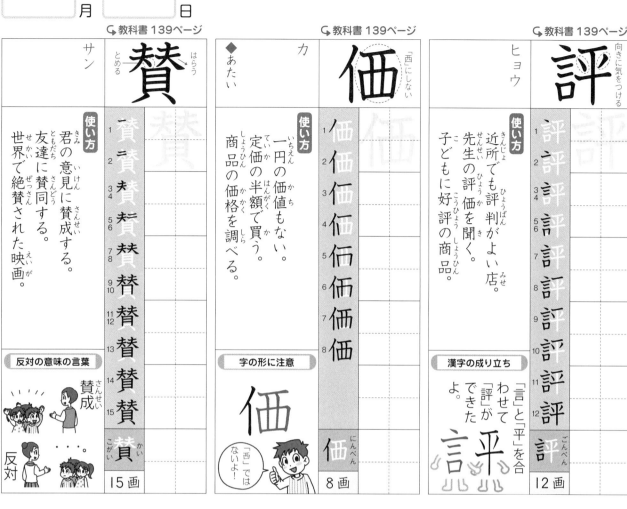

ぴったり2 練習

方言と共通語
よりよい学校生活のために

教科書 132～141ページ
答え 8ページ

月　　日

1 ——線の漢字の読みがなを書きましょう。

① 図や写真を効果的に使う。（　）
② 急ぎの用件を伝える。（　）
③ やる気を保つ。（　）
④ 作品が高い評価を受ける。（　）
⑤ 友達の意見に賛成する。（　）
⑥ 犬の品評会に参加する。（　）
⑦ 病気の特効薬が開発される。（　）
⑧ 物件情報のちらしを見る。（　）

2 □に漢字を書きましょう。

① 父にうで時計を［か］してもらう。
② 憲(けん)法の［じょうぶん］を暗記する。
③ かぜ薬が［き］く。
④ 荷物をロッカーに［ほかん］する。
⑤ 当選が［むこう］になる。
⑥ 市の［じょうれい］を守る。
⑦ ［じけん］を伝えるニュースを見る。

⑧ ［こうか］なメロンをもらう。
⑨ 映(えい)画の内容を［ぜっさん］する。
⑩ 図書館の本の［か］し出しルール。
⑪ 動物に関する国際［じょうやく］。
⑫ 学校の［ほけん］委員の活動。
⑬ その品は［こうひょう］につき完売した。
⑭ 姉はよく、自画［じさん］する。

月　日

ぴったり1 準備

浦島太郎「御伽草子」より 和語・漢語・外来語

教科書 144〜148ページ

新しく学習する漢字

能 妻 混 雑 略 採 禁

教科書 144ページ

妻

サイ
つま

使い方
夫妻で旅行する。
先生には妻子がいる。
夫が妻の荷物を持つ。

字の形に注意
「主」と書かないように！

女 おんな　8画

教科書 146ページ

混

コン
まじる
まざる
まぜる
こむ

使い方
電車が混雑する。
青に赤が混じる。
道路が混む。

字の形に注意
「ヒ」や「⼐」ではないよ！

氵 さんずい　11画

教科書 146ページ

雑

ザツ
ゾウ

使い方
雑誌を買う。
雑にそうじをする。
学校の北には雑木林が広がる。

いろいろな読み方
雑誌を読む。
雑木林

隹 ふるとり　14画

教科書 147ページ

略

リャク

使い方
駅までの道を略図でかく。
長いので省略する。
明日の試合の戦略を考える。

言葉の意味
略語―一部を省いて短くした言葉。
「高校」高等学校
「テレビ」テレビジョン

田 たへん　11画

教科書 147ページ

採

サイ
とる

使い方
意見が採用される。
テストを採点する。
山で虫を採る。

言葉の使い分け
採る―さがし集めること。選んでとること。
取る―手で持つこと。

扌 てへん　11画

教科書147ページ

禁

キン

とめる　はらう　はねる

使い方

父(ちち)は禁酒(きんしゅ)をしている。
ペットの入店(にゅうてん)を禁止(きんし)する。
さけ漁(りょう)が解禁(かいきん)になる。

部首

禁

「禁」の部首は、「しめす」だよ。

えっ？「木」じゃないの？

禁(しめす)　13画

教科書148ページ

能

ノウ

はねる　とめる　はねる

使い方

成功(せいこう)する可能性(かのうせい)が高(たか)い。
勉強(べんきょう)の能率(のうりつ)が上(あ)がる。
能(のう)を見(み)に行(い)く。

部首

能

「能」の部首は、「にく」だよ。

「ム」でも「ヒ」でもないよ！

能(にく)　10画

読み方が新しい漢字

漢字	読み方	使い方	前に出た読み方
生	なま	なまもの 生物を食(た)べる なま 生たまごをわる	生(う)まれる 一年生(いちねんせい) 生(い)きもの 生(は)える 一生(いっしょう)

漢字	読み方	使い方	前に出た読み方
止	シ	大会(たいかい)を中止(ちゅうし)する	止(と)まる
女	ジョ	二人(ふたり)の女性(じょせい)	女(おんな)の子(こ)

漢字クイズ 9

☆文をよく見ると、どこかおかしい漢字があります。正しい漢字に直して書きましょう。

答え16ページ

例　駅員がきっぷを改める。　［改］

①　駅舎の前で手をふる。　［　］

②　畑に肥料をまく。　［　］

③　打席でバットを構える。　［　］

月　日

ぴったり2 練習

浦島太郎「御伽草子」より 和語・漢語・外来語

教科書 144〜148ページ
答え 8ページ

1 ――線の漢字の読みがなを書きましょう。

① わたしの**妻**はアメリカ人だ。（　）
② 朝は電車が**混雑**する。（　）
③ 兄とこん虫**採集**に行く。（　）
④ 雨でお祭りが**中止**になる。（　）
⑤ 通行が**可能**になる。（　）
⑥ 大きなまどから明かりを**採**る。（　）
⑦ 魚を**生**で食べる。（　）
⑧ **雑木林**で生き物を観察する。（　）

2 □に漢字を書きましょう。

① 事故のために道路が□（こ）む。
② 学校までの道を□□（りゃくず）で示す。
③ □□（なまもの）で食あたりを起こす。
④ アユづりが□□（かいきん）になる。
⑤ 祖母はおだやかな□□（じょせい）だ。
⑥ □□（さいし）を連れて帰省する。
⑦ 海の水と川の水が□（ま）ざる場所。
⑧ 本を□（ざつ）にあつかってはいけない。
⑨ □（りゃく）した言葉を使う。
⑩ 油断は□□（きんもつ）だ。
⑪ □□（だんじょ）混合リレーに出場する。
⑫ あの人は□□（のうりょく）の高い人だ。
⑬ 赤信号で車が□□（ていし）する。
⑭ いろいろな音が□（ま）じる。

固有種が教えてくれること 自然環境(かんきょう)を守るために

教科書 149〜164ページ

月　日

新しく学習する漢字

過 程 豊 布 減 護 再 増 証 責 任 統 酸 素 設

教科書 150ページ

過

形に注意　はねる

カ
すぎる
すごす
◆あやまつ
◆あやまち

使い方
パトカーが目(め)の前(まえ)を通過(つうか)する。
冬(ふゆ)が過(す)ぎる。
年末年始(ねんまつねんし)を海外(かいがい)で過(す)ごす。

送りがな

しんにょう　しんにゅう
12画

教科書 150ページ

程

つき出さない　いちばん長く書く

テイ
◆ほど

使い方
寒(さむ)くない程度(ていど)に温度(おんど)を調節(ちょうせつ)する。
運動会(うんどうかい)の日程(にってい)が変(か)わる。
音程(おんてい)を外(はず)す。

部首

「程」の部首は、「のぎへん」だよ。

のぎへん
12画

教科書 151ページ

豊

つき出す　長く

ホウ
ゆたか

使い方
今年(ことし)も豊漁(ほうりょう)になる。
豊作(ほうさく)を願(ねが)っていのる。
自然(しぜん)が豊(ゆた)かな土地(とち)に住(す)む。

形の似た漢字

まめ
13画

教科書 152ページ

布

つき出す　はねる

フ
ぬの

使い方
日本(にっぽん)に広(ひろ)く分布(ぶんぷ)する。
毛布(もうふ)をかける。
布(ぬの)をぬい合(あ)わせる。

筆順

はば
5画

教科書 155ページ

減

わすれない　はねる

ゲン
へる
へらす

使い方
子どもの人口(じんこう)が減少(げんしょう)する。
米(こめ)の生産量(せいさんりょう)が減(へ)る。
コップに入(はい)った水(みず)を減(へ)らす。

漢字の意味

「減」は、引き算の意味も持つ。

さんずい
12画

月　日

教科書155ページ

護

ゴ

はらう

筆順：護 1 2 3 4 5 6 7 8 9 10 11 12 13 14 15 16 17 18 19 20

護　ごんべん

20画

使い方

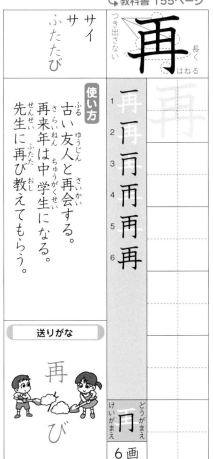

野鳥を保護する。
犯人を護送する。
護身術を学ぶ。

熟語の成り立ち

「保護」は「守る」という意味をもつ漢字を合わせてできた熟語です。

教科書155ページ

再

サイ
サ
ふたたび

つき出さない　長く　はねる

筆順：再 1 2 3 4 5 6

冂　どうがまえ　けいがまえ

6画

使い方

古い友人と再会する。
再来年は中学生になる。
先生に再び教えてもらう。

送りがな

教科書155ページ

増

ゾウ
ます
ふえる
ふやす

上より小さく　右上へ

筆順：増 1 2 3 4 5 6 7 8 9 10 11 12 13 14

土　つちへん

14画

使い方

人口が増加する。
チームの勢いが増す。
女性の議員が増える。

反対の意味の言葉

教科書157ページ

証

ショウ

ななめに打つ

筆順：証 1 2 3 4 5 6 7 8 9 10 11 12

言　ごんべん

12画

使い方

自分が見たことを証言する。
卒業生が卒業証書をもらう。
兄が学生証を提示する。

言葉の使い分け

証明―事実をはっきりさせること。
照明―電灯などで明るく照らすこと。

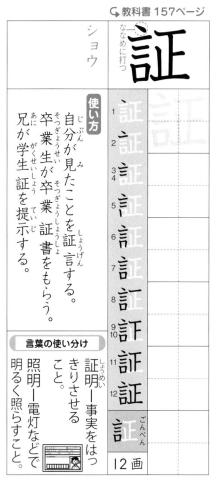

教科書157ページ

責

セキ
せめる

長く

筆順：責 1 2 3 4 5 6 7 8 9 10 11

貝　かい　こがい

11画

使い方

投手としての重責を負う。
責任感が強い。
自分で自分を責めない。

送りがな

責
め
る

教科書157ページ

任

ニン
まかせる
まかす

はらう　長く

筆順：任 1 2 3 4 5 6

亻　にんべん

6画

使い方

人に責任をなすりつけない。
弟に任せる。
風に身を任す。

形の似た漢字

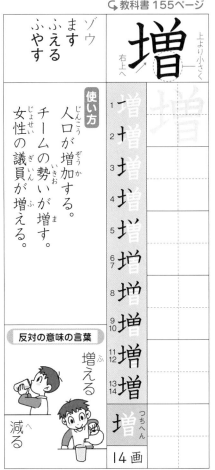

教科書161ページ

統

トウ
◆すべる

はねる　はらう

使い方
意見(いけん)を統一(とういつ)する。
統計(とうけい)をグラフで表(あらわ)す。
同(おな)じ系統(けいとう)の色(いろ)。

字の形に注意
統

10画目をわすれないで。

いとへん
12画

教科書161ページ

酸

サン
◆すい

わすれない　はらう

使い方
酸素(さんそ)をすう。
レモンは酸味(さんみ)が強(つよ)い。
炭酸飲料(たんさんいんりょう)を飲(の)む。

字の形に注意
酸

「西」ではないよ！

とりへん
14画

教科書161ページ

素

ソ
◆ス

長く　はねない

使い方
画家(がか)としての素質(そしつ)がある。
二酸化炭素(にさんかたんそ)を減(へ)らす。
興味(きょうみ)のない素(そ)ぶりをする。

部首
素
「素」の部首は、「いと」だよ。

「糸」だね！

いと
10画

教科書163ページ

設

セツ
もうける

はねる　はらう

使い方
父(ちち)が会社(かいしゃ)を設立(せつりつ)する。
仮設(かせつ)トイレに入(はい)る。
外国人(がいこくじん)との交流(こうりゅう)の場(ば)を設(もう)ける。

形の似た漢字
説明

設計(せっけい)

ごんべん
11画

読み方が新しい漢字

漢字	読み方	使い方	前に出た読み方
森	シン	森林(しんりん)を守(まも)る	森(もり)

「布」の一画目は「ノ」です。正しい書き順を覚えましょう。

月　日

ぴったり2 練習

固有種が教えてくれること
自然環境(かん)を守るために

教科書 149~164ページ
答え 8ページ

1 ――線の漢字の読みがなを書きましょう。

① 病気がある**程度**治る。（　）
② 昔に比べて、今は**豊**かだ。（　）
③ **森林**の生態系(けい)を調べる。（　）
④ 村の人口が**減少**する。（　）
⑤ **証人**として発言する。（　）
⑥ **責任**をもって仕事をする。（　）
⑦ 日本の**伝統文化**について知る。（　）
⑧ **特設**コーナーに本を展示(てん)する。（　）

2 □に漢字を書きましょう。

① 特急電車が□□(つうか)する。
② 日本には火山が多く□□(ぶんぷ)する。
③ □□□(ほごしゃ)会のお知らせ。
④ 鳥が□(ふたた)び庭に飛来した。
⑤ 都市の人口が□□(ぞうか)する。
⑥ 水そうに□□(さんそ)を送る。
⑦ □□(ほうさく)を願う祭り。
⑧ エプロンの□□(ぬのじ)を選ぶ。
⑨ 川の水かさが□(へ)る。
⑩ □(さ)来週は海に行く予定だ。
⑪ 合宿に参加して友人が□(ふ)えた。
⑫ 失敗を□(せ)められてもしかたない。
⑬ 大使に□□(にんめい)される。
⑭ 話し合いの場を□(もう)ける。

　　月　　日

ぴったり2

練習

固有種が教えてくれること　自然環境（かん）を守るために

1 ——線の漢字の読みがなを書きましょう。

① プリントの**配布**を手伝う。（　　）

② 負けても**再**び立ち上がる。（　　）

③ 兄が**証明**写真をとる。（　　）

④ 児童会長の**重責**をになう。（　　）

⑤ **新任**の先生が受け持つクラス。（　　）

⑥ デザインを**統一**する。（　　）

⑦ このみかんは**酸味**が強い。（　　）

⑧ 季節が**過**ぎていく。（　　）

2 □に漢字を書きましょう。

① □□（かこ）の話を聞く。

② 正しい□□（おんてい）で歌う。

③ 心の□（ゆた）かさを育む。

④ テストで一問□□（げんてん）される。

⑤ 動物□□（あいご）団（だん）体の活動。

⑥ 観光客が□□（きゅうぞう）する。

⑦ □□（そざい）を生かした料理。

⑧ 大きな橋を□□（せっけい）する。

⑨ 休日はのんびり□（す）ごす。

⑩ 父は□□（ほうりょう）を願い、海へ出る。

⑪ こわれた家屋を□□（さいけん）する。

⑫ 祭りの参加者は年々□（ま）している。

⑬ 自分を□（せ）めるのはやめる。

⑭ 新しい仕事を□（まか）される。

教科書　149〜164ページ
答え　8ページ

ぴったり1 準備

カンジー博士の暗号解読

教科書 166〜167ページ

新しく学習する漢字

授 紀 財 脈 織 築 旧 規 則 貯 型 液 基 額 故

教科書 166ページ

授　ジュ　◆さずける　◆さずかる

（向きに注意／はらう）

1〜11　授（てへん）　11画

使い方
- 父（ちち）が教授（きょうじゅ）になる。
- 昼（ひる）から授業（じゅぎょう）を受（う）ける。
- 授賞式（じゅしょうしき）に出（で）る。

形の似た漢字

教科書 166ページ

紀　キ

（あける／上にはねる／とめる）

1〜9　紀（いとへん）　9画

使い方
- 紀元前（きげんぜん）に栄（さか）えた文化（ぶんか）。
- 二十一世紀（にじゅういっせいき）に生（う）まれる。
- 学校（がっこう）の風紀（ふうき）がみだれる。

形の似た漢字

教科書 167ページ

財　ザイ　◆サイ

（少し出す／はねる）

1〜10　財（かいへん）　10画

使い方
- 財産（ざいさん）が増（ふ）える。
- 財政（ざいせい）の立（た）て直（なお）しをはかる。
- 財宝（ざいほう）を発見（はっけん）する。

言葉の意味

文化財（ぶんかざい）―昔からの文化として値打（ねう）ちのあるもの。

教科書 167ページ

脈　ミャク

（はらう／はねる／とめる）

1〜10　脈（にくづき）　10画

使い方
- アルプス山脈（さんみゃく）が広（ひろ）がる。
- 病院（びょういん）で脈（みゃく）をはかる。
- 文脈（ぶんみゃく）をたどって読（よ）む。

字の形に注意

脈

しっかり覚えよう！

教科書 167ページ

織　シキ　おる　◆ショク

（わすれない／長く／はねる）

1〜18　織（いとへん）　18画

使い方
- 児童会（じどうかい）を組織（そしき）する。
- 綿織物（めんおりもの）がさかんな地方（ちほう）。
- 絹糸（きぬいと）で布（ぬの）を織（お）る。

形の似た漢字

織物（おりもの）
意識して見る。

教科書167ページ

築

チク　きずく

（わすれない・はねる・右上へ）

使い方

家を増築する。
新しい住宅を建築する。
城を築く。

送りがな

築（たけかんむり）　16画

教科書167ページ

旧

キュウ

（高さをそろえる）

使い方

旧式の電話機を使う。
かれとは旧知の仲だ。
復旧の工事が終わる。

反対の意味の言葉

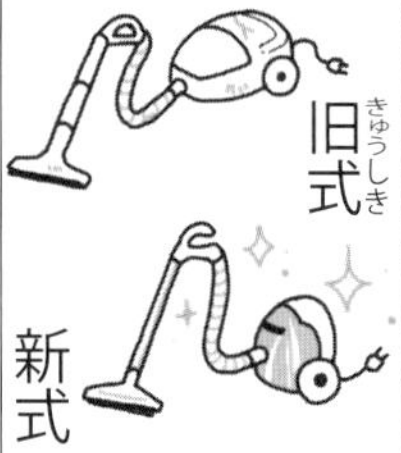

旧（ひ）　5画

教科書167ページ

規

キ

（とめる・はねる）

使い方

新しい規則を作る。
新規に加入する。
正規のメンバーではない。

部首

「規」の部首は、「みる」だよ。

規（みる）　11画

教科書167ページ

則

ソク

（はねる）

使い方

校則は必ず守る。
反則をしく負ける。
規則正しい生活を送る。

形の似た漢字

則（りっとう）　9画

教科書167ページ

貯

チョ

（つける・とめる・はねる）

使い方

おこづかいを貯金する。
水不足に備えてダムに貯水する。
食べ物を貯蔵しておく。

字の形に注意

貯（かいへん）　12画

教科書167ページ

型

ケイ　かた

（とめる・はらう・はねる）

使い方

船の模型を作る。
型にはまった言い方。
新型のテレビを買う。

部首

「型」の部首は、「つち」だよ。

型（つち）　9画

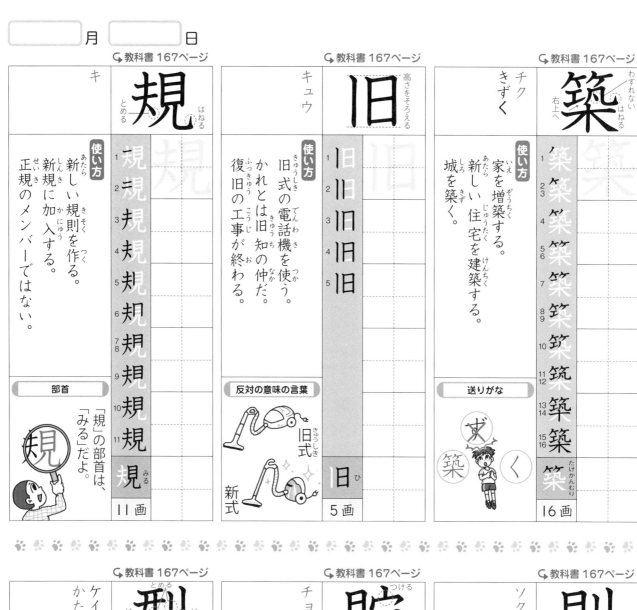

月　日

教科書167ページ

液

エキ

使い方

樹液(じゅえき)に虫(むし)が集(あつ)まる。

血液(けつえき)を調(しら)べる。

青(あお)い液体(えきたい)を作(つく)る。

部首：さんずい　11画

仲間の言葉

固体 ↔ 液体(えきたい) ↔ 気体

教科書167ページ

基

キ

◆もと　◆もとい

（つき出さない・はらう）

使い方

水泳(すいえい)の基本(きほん)を学(まな)ぶ。

基準(きじゅん)となる点(てん)を決(き)める。

基金(ききん)を設立(せつりつ)する。

部首：つち　11画

形の似た漢字

基地(きち)

墓地(ぼち)

教科書167ページ

額

ガク

ひたい

（とめる）

使い方

洋服(ようふく)を半額(はんがく)で買(か)う。

額(がく)ぶちに絵(え)を入(い)れる。

額(ひたい)の広(ひろ)いおじさん。

部首：おおがい　18画

慣用句(かんようく)

ねこの額(ひたい)

非常にせまいこと。

教科書167ページ

故

コ

◆ゆえ

（はらう）

使い方

コップを故意(こい)に落(お)とす。

電車(でんしゃ)が事故(じこ)でおくれる。

車(くるま)が故障(こしょう)する。

部首：ぼくづくり（のぶん）　9画

言葉の意味

事故(じこ)ー予想外の悪い出来事。

故事ー昔から伝わるいわれ。

読み方が新しい漢字

漢字	読み方	使い方	前に出た読み方
組	ソ	組織(そしき)に入(はい)る	組(くみ)　組(く)み立(た)て

特別な読み方をする言葉

言葉	使い方
博士(はかせ)	博士(はかせ)が研究(けんきゅう)する

「識」「織」「職(ショク)」

この三つの漢字の使い方はしっかり覚えよう。

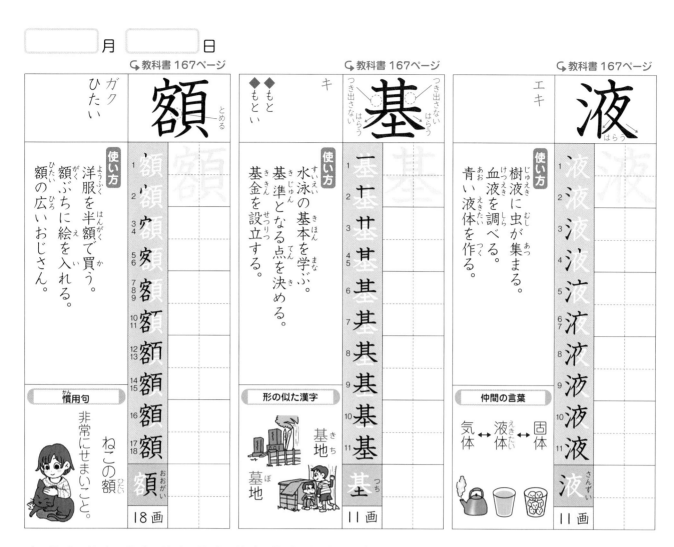

カンジー博士の暗号解読

教科書 166～167ページ
答え 9ページ

　　月　　日

1 ――線の漢字の読みがなを書きましょう。

① 作家の紀行文を読む。（　　）
② 子ども会を組織する。（　　）
③ 有名な建築家の建てた家。（　　）
④ 旧式のストーブを使う。（　　）
⑤ 貯水池を見学する。（　　）
⑥ 血液検査をする。（　　）
⑦ 母から借りた金額は千円です。（　　）
⑧ かれは鉄道博士だ。（　　）

2 □に漢字を書きましょう。

① 大学□□（きょうじゅ）の話を聞く。
② 夏は海の□□（じこ）が多い。
③ 日本の□□（ざいせい）の現状を知る。
④ 険しい□□（さんみゃく）が走る。
⑤ □□（きそく）正しく生活する。
⑥ □□（しんがた）ゲーム機の開発を始める。
⑦ ひみつ□□（きち）を作る。

⑧ 今は二十一□□（せいき）だ。
⑨ もめん□（お）りがさかんな町。
⑩ 六年間で友情を□（きず）く。
⑪ メンバーが□□（しんき）に加わる。
⑫ 相手チームの□□（はんそく）負けだ。
⑬ 空手の□（かた）を覚える。
⑭ ねこの□（ひたい）ほどの庭しかない。

月　　日

ぴったり2 **練習**

カンジー博士の暗号解読

1 ―線の漢字の読みがなを書きましょう。

① 授業中は静かにする。（　　）

② 化合物の組成を調べる。（　　）

③ 校則を守る。（　　）

④ 遊びで兄に故意にぶつかる。（　　）

⑤ 機械で布を織る。（　　）

⑥ 絵を額に入れてかざる。（　　）

⑦ 定規を使って、線を引く。（　　）

⑧ お金の授受はしない。（　　）

2 □に漢字を書きましょう。

① □□（きげん）前の歴史を学ぶ。

② □□（ざいさん）を増やす。

③ 手首で□（みゃく）を測る。

④ □（ちく）十年の建物。

⑤ □□（しんきゅう）の地図を見比べる。

⑥ 図書館の利用□□（きてい）。

⑦ こつこつとためた□□（ちょきん）を使う。

⑧ □□（おおがた）犬と遊ぶ。

⑨ 氷がとけて、□□（えきたい）になる。

⑩ 料理の□□（きほん）を学ぶ。

⑪ とても□□（こうがく）な商品。

⑫ 武士によって□（きず）かれた城。

⑬ □（かた）破りな新人。

⑭ 熱が出たので□（ひたい）を冷やす。

教科書
166～167ページ
答え
9ページ

月　日

ぴったり2 練習

漢字の広場④ 4年生で習った漢字

教科書 170ページ
答え 9ページ

1 ―線の漢字の読みがなを書きましょう。

① （　　）
埼玉県は人形作りがさかんだ。

② （　　）
栃木県にある日光東照宮（にっこうとうしょうぐう）。

③ （　　）
家族で茨城県の大洗（おおあらい）海岸に行く。

④ （　　）
米作りがさかんな新潟県。

⑤ （　　）
富山県の和紙は美しい。

⑥ （　　）
世界遺（い）産の岐阜県白川郷（しらかわごう）。

⑦ （　　）
琵琶湖（びわこ）を調査しに滋賀県へ向かう。

⑧ （　　）
いよかんは愛媛県の名産だ。

2 □に漢字を書きましょう。

① □□（くまもと）県で城を見学する。

② □□（みやぎ）県の七夕祭り。

③ □□（ぐんま）県でこんにゃくを買う。

④ □□（ふくい）県の温泉（せん）宿にとまる。

⑤ 果樹（じゅ）さいばいがさかんな□□（やまなし）県。

⑥ □□（しずおか）県の茶畑の風景。

⑦ 自動車産業が有名な□□（あいち）県。

⑧ □□□（おおさかふ）の人口を調べる。

⑨ 南北の海に接する□□（ひょうご）県。

⑩ □□（なら）県の寺社をめぐる。

⑪ うずしおを見に□□（とくしま）県に行く。

⑫ □□（ふくおか）県名物のめんたいこ。

⑬ □□（ながさき）県には多くの島がある。

⑭ □□（おきなわ）県の歴史を学ぶ。

準備 ぴったり1

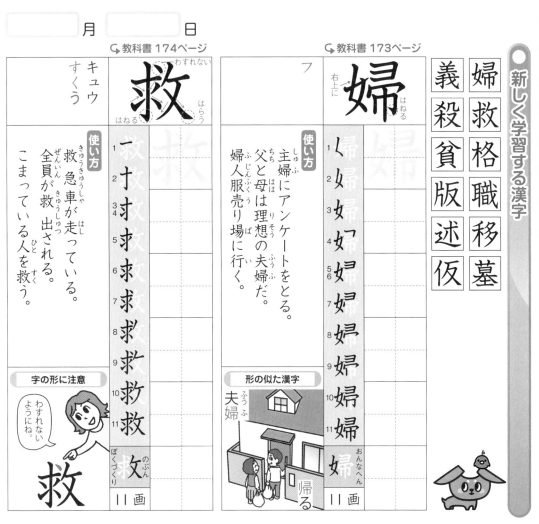

やなせたかし ―アンパンマンの勇気
あなたは、どう考える

教科書 171〜189ページ

新しく学習する漢字

婦 救 格 職 移 墓 義 殺 貧 版 述 仮

教科書173ページ

婦　フ

右上に　はねる

使い方
- 主婦にアンケートをとる。
- 父と母は理想の夫婦だ。
- 婦人服売り場に行く。

形の似た漢字

婦（おんなへん）　11画

教科書174ページ

救　キュウ　すくう

わすれない　はらう　はねる

使い方
- 救急車が走っている。
- 全員が救出される。
- こまっている人を救う。

字の形に注意

攵（ぼくづくり・のぶん）　11画

教科書174ページ

格　カク　◆コウ

とめる　はらう　はらう

使い方
- 兄が大学に合格する。
- 格差のない社会を目ざす。
- 性格がやさしい。

形の似た漢字

木（きへん）　10画

教科書174ページ

職　ショク

わすれない　長く　はねる

使い方
- 職員室に行く。
- パンの職人を目ざす。
- あこがれの職業について調べる。

形の似た漢字

耳（みみへん）　18画

教科書174ページ

移　イ　うつる　うつす

バランスよく

使い方
- 市役所が移転する。
- 空いている部屋に移る。
- くつをくつ箱へ移す。

言葉の意味

移り気―気が変わりやすいこと。

禾（のぎへん）　11画

月　日

教科書 175ページ

墓

ボ　はか

少し出す　「大」にしない

使い方

家族で墓地を歩く。
墓前に立つ。
お墓参りに行く。

部首

「墓」の部首は、「つち」だよ。

墓

土（つち）

13画

教科書 176ページ

義

ギ

わすれない　長く　はねる　はねる

使い方

義務教育は九年間です。
参加することに意義がある。
日本は民主主義の国です。

形の似た漢字

正義のヒーロー

会議

羊（ひつじ）

13画

教科書 176ページ

殺

サツ　ころす　◆サイ　◆セツ

とめる　はねる　はらう　はらう　とめる

使い方

畑に殺虫ざいをまく。
殺風景な部屋。
息を殺してかくれる。

部首

「殺」の部首は、「るまた・ほこづくり」だよ。

殺

殳（るまた・ほこづくり）

10画

教科書 176ページ

貧

ビン　まずしい　◆ヒン

はなす

使い方

貧ぼうくじを引いた。
貧しいけれど幸せなくらし。
才能が貧しい。

反対の意味の漢字

貧

富

貝（かい・こがい）

11画

教科書 177ページ

版

ハン

はらう　とめる

使い方

本を出版する。
授業で版画をほる。
本が絶版になる。

形の似た漢字

版画

板

片（かたへん）

8画

教科書 187ページ

述

ジュツ　のべる

はなす　わすれない

使い方

主語と述語を学習する。
事実を正確に記述する。
自分の意見を述べる。

対になる言葉

主語
兄が本を読む。
述語

辶（しんにょう・しんにゅう）

8画

月　日

教科書187ページ

仮

はらう

カ
かり
◆ケ

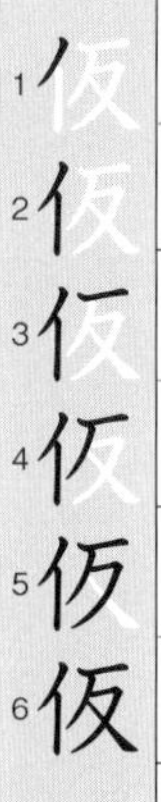

使い方

雨(あめ)がふったと仮定(かてい)して練習(れんしゅう)する。
仮面(かめん)をつけて歩(ある)く。
仮(かり)の話(はなし)をする。

仮 にんべん
6画

慣用句(かんようく)

仮面(かめん)をかぶる
本心をかくすこと。

漢字クイズ 10

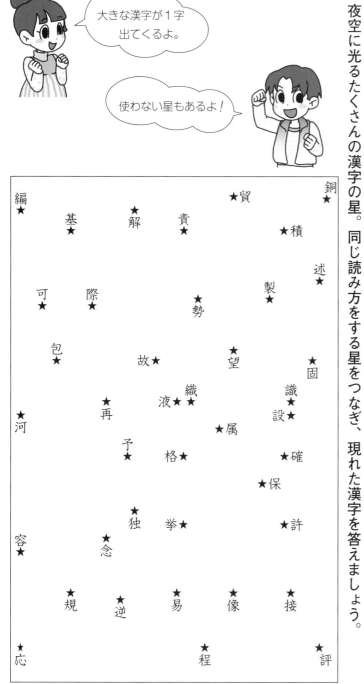

☆ 夜空に光るたくさんの漢字の星。同じ読み方をする星をつなぎ、現れた漢字を答えましょう。

答え16ページ

大きな漢字が１字出てくるよ。
使わない星もあるよ！

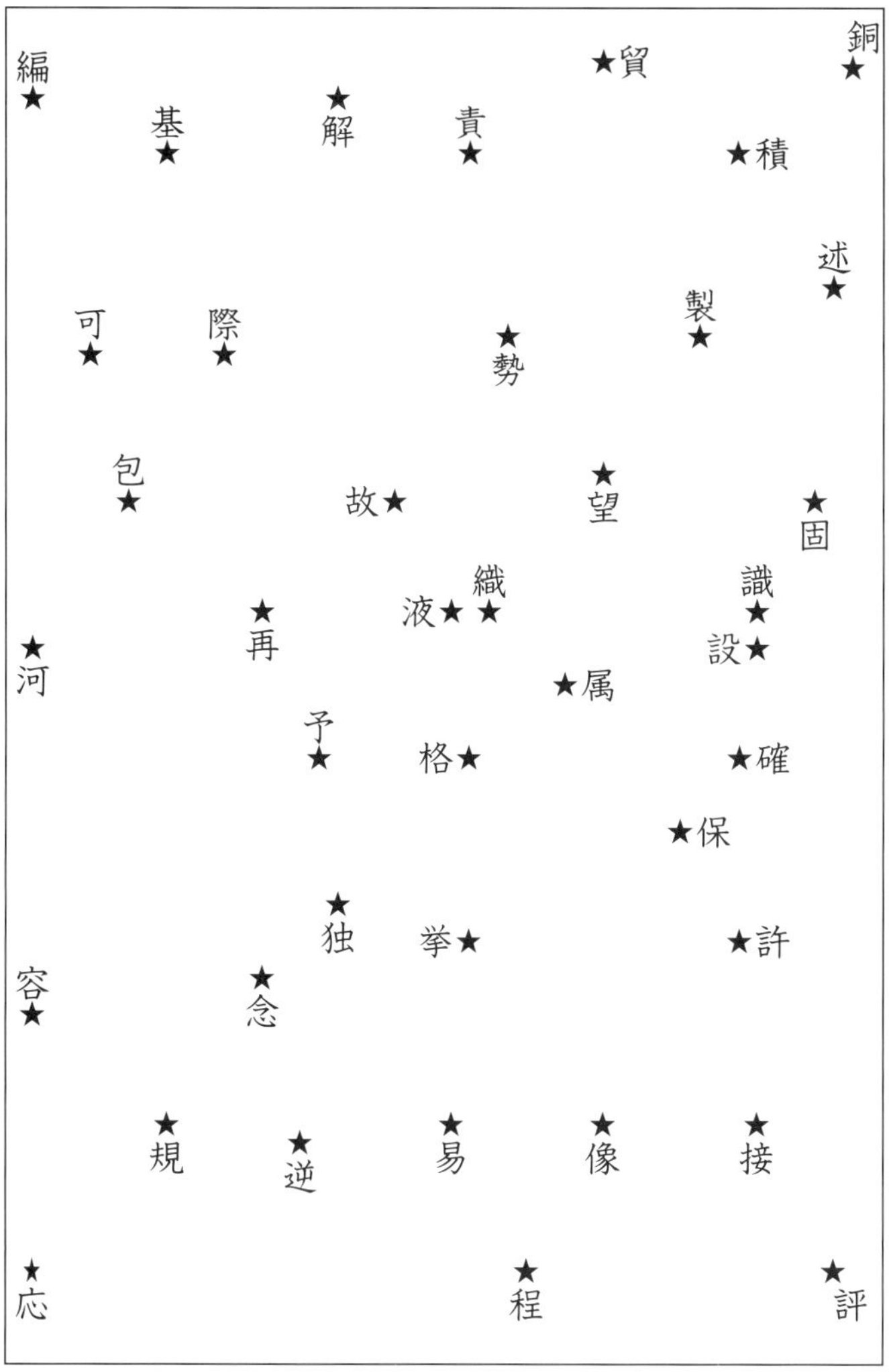

※読み方は、すべて音読みとします。

読み方が新しい漢字

漢字	読み方	使い方	前に出た読み方
名	ミョウ	ほんみょう　い	名前(なまえ)　名人(めいじん)
後	のち	あめ　のち　は	後(うし)ろ　その後(ご)　午後(ごご)　後半(こうはん)　後(あと)

月　日

ぴったり2 練習

やなせたかし―アンパンマンの勇気
あなたは、どう考える

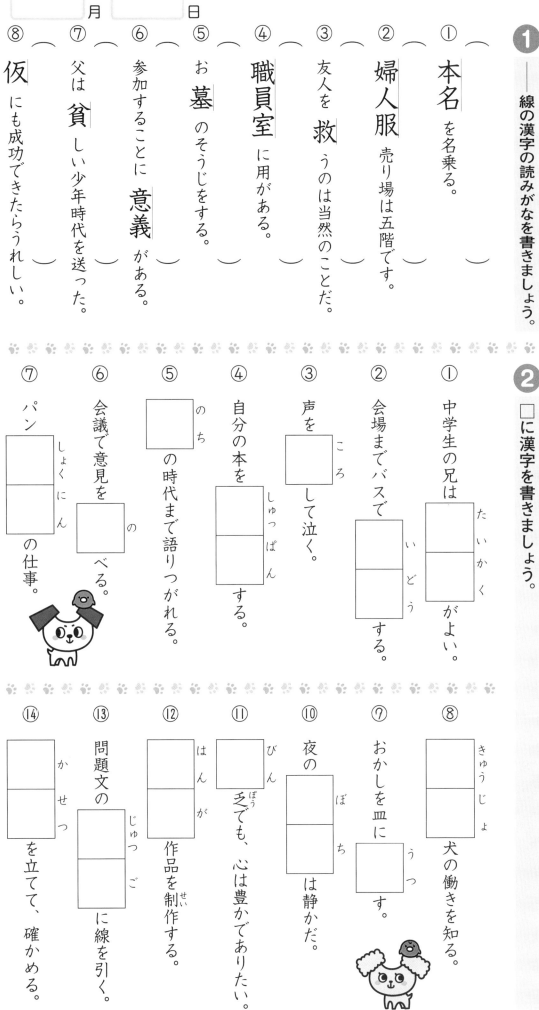

1 ――線の漢字の読みがなを書きましょう。

①（　）本名を名乗る。
②（　）婦人服売り場は五階です。
③（　）友人を救うのは当然のことだ。
④（　）職員室に用がある。
⑤（　）お墓のそうじをする。
⑥（　）参加することに意義がある。
⑦（　）父は貧しい少年時代を送った。
⑧（　）仮にも成功できたらうれしい。

2 □に漢字を書きましょう。

① 中学生の兄は［たいかく］がよい。
② 会場までバスで［いどう］する。
③ 声を［ころ］して泣く。
④ 自分の本を［しゅっぱん］する。
⑤ ［のち］の時代まで語りつがれる。
⑥ 会議で意見を［の］べる。
⑦ パン［しょくにん］の仕事。

⑧ ［きゅうじょ］犬の働きを知る。
⑨ おかしを皿に［うつ］す。
⑩ 夜の［ぼち］は静かだ。
⑪ ［びん］乏(ぼう)でも、心は豊かでありたい。
⑫ ［はんが］作品を制作(せい)する。
⑬ 問題文の［じゅつご］に線を引く。
⑭ ［かせつ］を立てて、確かめる。

教科書 171〜189ページ
答え 9ページ

月　日

ぴったり2 練習

やなせたかし―アンパンマンの勇気
あなたは、どう考える

教科書 171～189ページ
答え 10ページ

1 ――線の漢字の読みがなを書きましょう。

① 新しい制度(せい)に移行する。（　　）
② 実力主義の会社につとめる。（　　）
③ 絶版になった古い本をさがす。（　　）
④ 映(えい)画の感想を述べる。（　　）
⑤ 迷いこんだクジラを救出する。（　　）
⑥ 殺風景な部屋だ。（　　）
⑦ 記述式の問題に取り組む。（　　）
⑧ おにの仮面を作る。（　　）

2 □に漢字を書きましょう。

① □□(だいみょう)行列を再現した祭り。
② □□(しゅふ)の一日の仕事。
③ ヒーローが地球を□(すく)う物語。
④ 試験に□□(ごうかく)する。
⑤ □□(しょくぎょう)体験のプログラム。
⑥ ペットの□(はか)を建てる。
⑦ 息を□(ころ)してかくれる。

⑧ 心の□(まず)しい人にはならない。
⑨ □(かり)の題名を付ける。
⑩ 商品が適正な□□(かかく)になる。
⑪ となりの席に□(うつ)る。
⑫ □□□(るいぎご)を調べる。
⑬ □□(ぼぜん)で手を合わせ、いのる。
⑭ 失敗した場合を□□(かてい)する。

月　日

冬のチャレンジテスト①

時間30分　／100　合格80点

教科書 104〜189ページ　答え 10ページ

1 ――線の漢字の読みがなを書きましょう。　一つ2点（34点）

① 妻（　）はこの町にある支店（　）で働いている。

② 豊（　）かでりっぱな森林（　）の一帯に広く分布（　）する野鳥。

③ お天気博士（　）が台風の進路について熱弁（　）をふるう。

④ 採（　）ることが禁止（　）されている虫。

⑤ 余（　）ったお金は全て貯金（　）する。

⑥ 過去（　）に行われた検査（　）について調べる。

⑦ 責任（　）の所在を明確に示（　）す。

⑧ 母は、真面目（　）でしっかり者の女性（　）だ。

2 三つの□に共通して入る漢字を書きましょう。　一つ2点（10点）

① 定□　高□　評□　→　□

② □文　□件　信□　→　□

③ 大□　□像　□様　→　□

④ □持　□管　□健　→　□

⑤ □度　音□　過□　→　□

3 次の漢字にはいくつかの読み方があります。――線の漢字の読みがなを書きましょう。　一つ2点（14点）

① 寄　寄宿（　）　寄る（　）

② 独　独自（　）　独り（　）

③ 混　混雑（　）　混ぜる（　）　混む（　）

月　日

4 □に漢字を書きましょう。

一つ2点（28点）

① 温度を一定に□（たも）つ。

② 新しい□□（じょうやく）。

③ どれにするか□（まよ）う。

④ 母の□□（しょくば）に行く。

⑤ 二つを□（くら）べる。

⑥ □□（きょうみ）深い話。

⑦ □□（せいれい）指定都市

⑧ □□（さんそ）を作る実験。

⑨ 地方に□□（しゅっちょう）する。

⑩ □□（きそく）を守る。

⑪ 学校の□□（そしき）。

⑫ 家を□□（せっけい）する。

⑬ □□（かかく）の高い商品。

⑭ □□（きょうじゅ）になる。

5 次の漢字の部首名と、その部首の画数を漢字で書きましょう。

一つ1点（14点）

	漢字	部首名	部首の画数
①	減		
②	独		
③	効		
④	基		
⑤	雑		
⑥	妻		
⑦	貸		

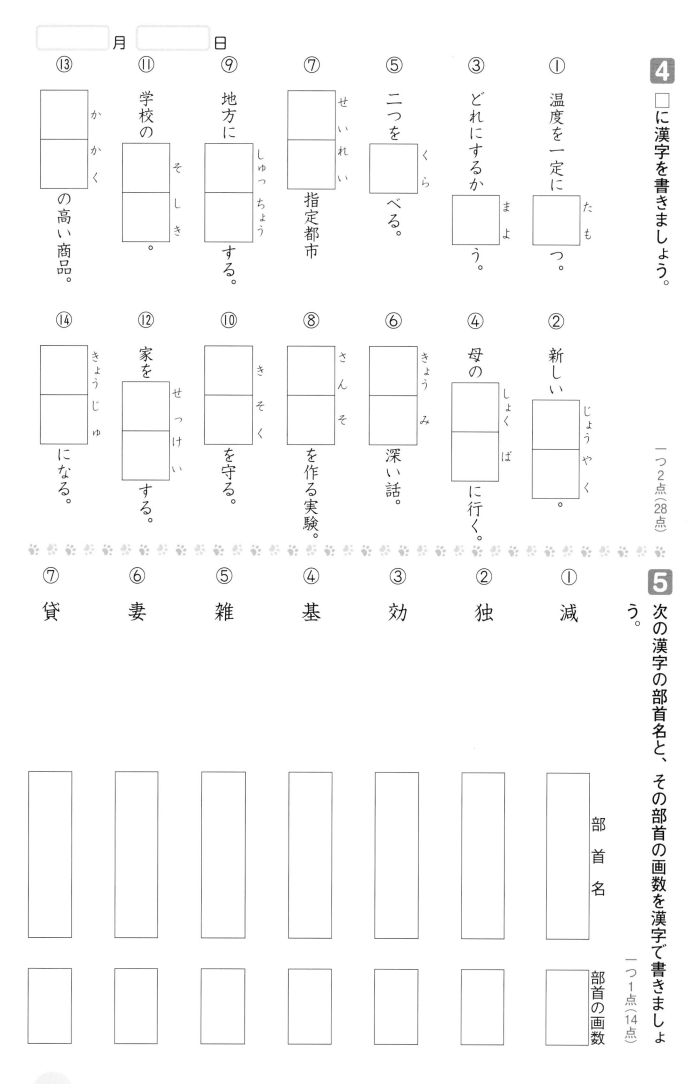

月　日

冬のチャレンジテスト②

時間30分　／100　合格80点

教科書 104〜189ページ　答え 11ページ

1 ――線の漢字の読みがなを書きましょう。　一つ2点（38点）

① 保温（　）できる容器に弁当（　）をつめる。
② 条件（　）を付けて、人口の移り変わりの統計（　）をとる。
③ 作業工程（　）をかなり省略（　）する案を採用（　）した。
④ 新婦（　）が式の間に、格調（　）高いドレスに着がえる。
⑤ 川が増水（　）したため、仮設（　）の橋で事故（　）が起きた。
⑥ 新型（　）の車に加わった機能（　）について述（　）べる。
⑦ 赤字が減少（　）した件（　）を報告した。
⑧ 殺風景（　）な土地にある墓（　）に花をそなえる。

2 次の漢字にはいくつかの読み方があります。――線の漢字の読みがなを書きましょう。　一つ1点（17点）

① 支　支給（　）　支える（　）
② 貧　貧ぼう（　）　貧しい（　）
③ 織　組織（　）　織る（　）
④ 効　効力（　）　効く（　）
⑤ 額　金額（　）　ねこの額（　）
⑥ 得　得点（　）　得る（　）
⑦ 在　現在（　）　在る（　）
⑧ 再　再来月（　）　再起（　）　再び始める（　）

月　日

3 □に漢字を書きましょう。

一つ2点(30点)

① □□(ほんみょう)を明かす。

② □□(けんちく)家になる。

③ □□□(もくはんが)を刷る。

④ 好意的な□□(ひょうか)。

⑤ 新□(きゅう)入りみだれる。

⑥ □□(げんそく)として禁止だ。

⑦ 失敗を□(せ)められる。

⑧ 本が□□(しゅっぱん)される。

⑨ □□(さんせい)の立場。

⑩ 国の□□□(ぶんかざい)。

⑪ □□(えきたい)をこぼす。

⑫ 銀行に□□(ちょきん)する。

⑬ 学生□(しょう)を□□(ていじ)して□□(じゅぎょう)を受ける。

4 次の文から、まちがって使われている漢字をぬき出し、正しい漢字を書きましょう。

一つ3点、両方できて正解(15点)

例 上下間係(じょうげかんけい)がきびしい会社(かいしゃ)。 → × 間 ○ 関

① 空港(くうこう)で身体験査(しんたいけんさ)をされる。 → × □ ○ □

② 正治家(せいじか)を目指(めざ)して勉強(べんきょう)する。 → × □ ○ □

③ 未来(みらい)への可態性(かのうせい)が広(ひろ)がる。 → × □ ○ □

④ 一人(ひとり)ひとりの固性(こせい)を重(おも)んじる。 → × □ ○ □

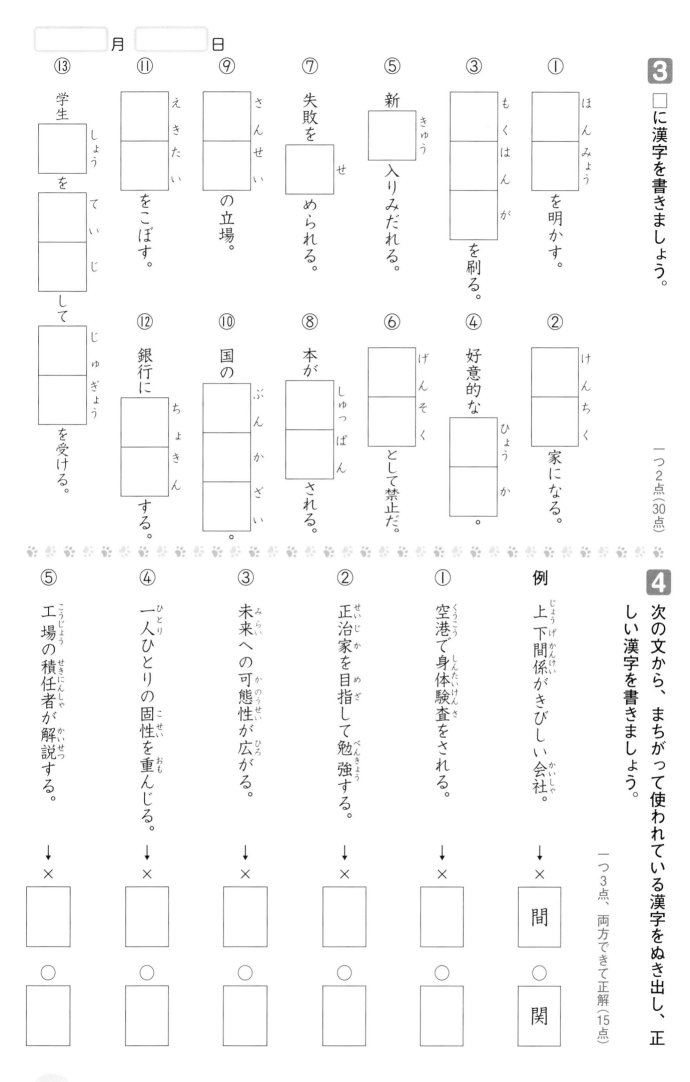

⑤ 工場(こうじょう)の積任者(せきにんしゃ)が解説(かいせつ)する。 → × □ ○ □

ぴったり1 準備

熟語の読み方

教科書 196〜197ページ

新しく学習する漢字

飼 綿 居 永 久 毒 営 犯 講 師 精

教科書196ページ

飼

シ
かう

（「食」にしない）（はねる）

使い方
牛(うし)を飼育(しいく)する。
家(いえ)でねこを二(に)ひき飼(か)う。
飼(か)い犬(いぬ)に手(て)をかまれる。

飼（しょくへん）　13画

字の形に注意

飼

教科書196ページ

綿

メン
わた

（はねる）

使い方
綿密(めんみつ)な打(う)ち合(あ)わせをする。
綿花(めんか)を輸入(ゆにゅう)する。
白(しろ)い綿毛(わたげ)が風(かぜ)にまう。

綿（いとへん）　14画

形の似た漢字

教科書196ページ

居

キョ
いる

（長く）（はらう）

使い方
新居(しんきょ)に引(ひ)っこす。
明日(あす)は家(いえ)に居(い)る。
弟(おとうと)の居場所(いばしょ)をさがす。

居（かばね・しかばね）　8画

言葉の使い方

「居(い)る」は「いる」と書くことが多い。

教科書197ページ

永

エイ
ながい

（二画で書く）（一画で書く）（はねる）

使い方
永久歯(えいきゅうし)に生(は)え変(か)わる。
永遠(えいえん)の幸(しあわ)せを願(ねが)う。
永(なが)いお付(つ)き合(あ)いになる。

永（みず）　5画

言葉の使い分け

永(なが)い―時間にのみ使う。
長い―時間、長さ、物事に使う。

教科書197ページ

久

キュウ
ひさしい
◆ク

（はらう）

使い方
体育(たいいく)の時間(じかん)に持久走(じきゅうそう)をする。
旧友(きゅうゆう)と久(ひさ)しぶりに会(あ)う。
かれと会(あ)わなくなって久(ひさ)しい。

久（の・はらいぼう）　3画

文字の成り立ち

ひらがなの「く」、カタカナの「ク」は「久」からできた。

久 → く、ク

月　日

教科書197ページ

毒

ドク

長く　出さない　はねる　とめる

使い方

フグには強(つよ)い毒(どく)がある。

夏(なつ)は食中毒(しょくちゅうどく)に気(き)をつけよう。

食(た)べすぎは体(からだ)に毒(どく)だ。

毋 なかれ　8画

字の形に注意

毒

「母」と書かないように気をつけて!

教科書197ページ

営

エイ　いとなむ

向きに注意　上より大きく書く

使い方

早朝(そうちょう)から営業(えいぎょう)するお店(みせ)。

体育館(たいいくかん)に会場(かいじょう)を設営(せつえい)する。

八百屋(やおや)を営(いとな)む。

⺍ つかんむり　12画

送りがな

教科書197ページ

犯

ハン　◆おかす

つき出さない　はねる

使い方

犯罪(はんざい)を許(ゆる)さない。

地域(ちいき)の防犯(ぼうはん)に努(つと)める。

犯人(はんにん)がつかまった。

犭 けものへん　5画

部首

犯

「犯」の部首は、「けものへん」だよ。

「犭」は「犬」を略した字だよ。

教科書197ページ

講

コウ

横画は三本　はねる

使い方

教授(きょうじゅ)の講義(こうぎ)を聞(き)く。

講演会(こうえんかい)に行(い)く。

夏期講習(かきこうしゅう)を受(う)ける。

言 ごんべん　17画

形の似た漢字

講師(こうし)

構図

教科書197ページ

師

シ

つき出さない　はねる

使い方

教師(きょうし)になるのが夢(ゆめ)だ。

医師(いし)の話(はなし)を聞(き)く。

漁師(りょうし)の仕事(しごと)を手伝(てつだ)う。

巾 はば　10画

漢字の使い分け

師ー教師・医師

士ー武士・弁護士

教科書197ページ

精

セイ　◆ショウ

長く　はねる

使い方

精神(せいしん)をきたえる。

精(せい)のつく食(た)べ物(もの)。

玄米(げんまい)を精米(せいまい)する。

米 こめへん　14画

慣用句(かんようく)

精(せい)を出(だ)す

一生けん命努力すること。

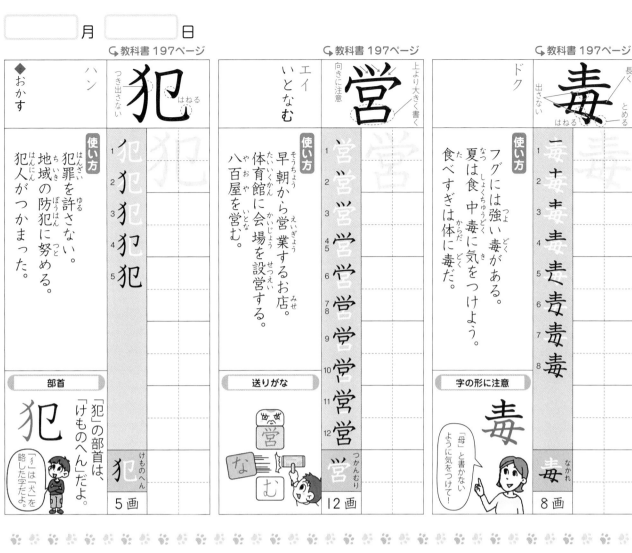

月　　日

言葉	使い方
清水（しみず）	清水（しみず）がわいている
川原（かわら）・河原（かわら）	川原（かわら）を散歩（さんぽ）する
八百屋（やおや）	近所（きんじょ）の八百屋（やおや）
果物（くだもの）	果物（くだもの）を買（か）いに行（い）く
迷子（まいご）	弟（おとうと）が迷子（まいご）になった
眼鏡（めがね）	虫眼鏡（むしめがね）で虫（むし）を見（み）る
下手（へた）	料理（りょうり）が下手（へた）だ

熟語（じゅく ご）全体をひとまとめにして、特別な読み方をするよ。

漢字クイズ 11

☆イラストを参考に、□に当てはまる漢字を入れましょう。

答え16ページ

①

読
□
産

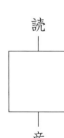

②

感
□
罪

③

野
□
業

④
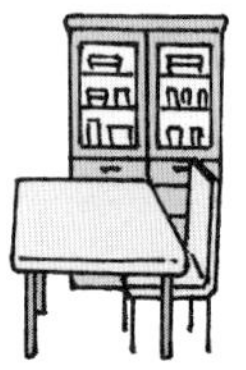
家
□
産

⑤

夫
□
子

⑥

期
□
定

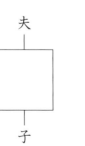

月　日

ぴったり2 練習

熟語（じゅく）の読み方

教科書 196〜197ページ　答え 11ページ

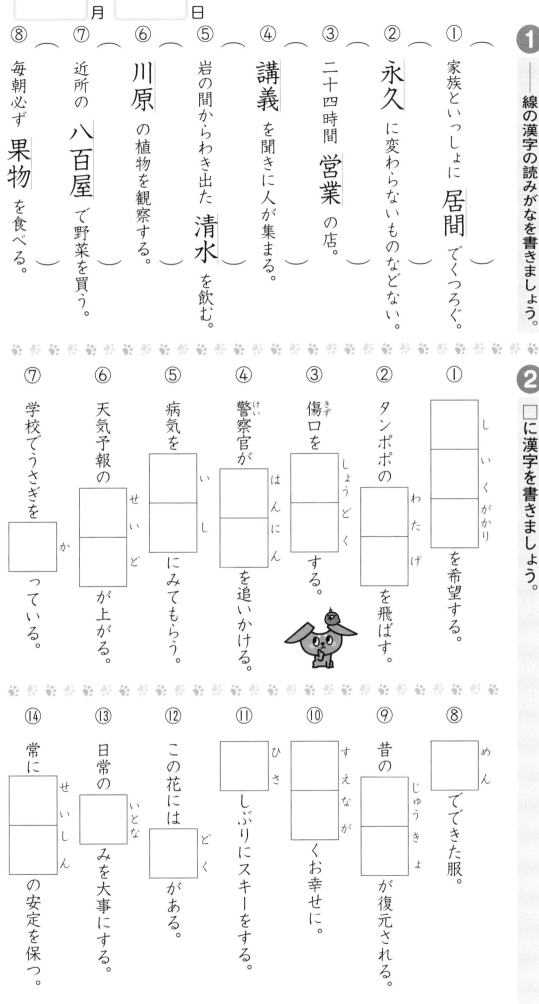

1 ——線の漢字の読みがなを書きましょう。

① 家族といっしょに居間でくつろぐ。（　　）

② 永久に変わらないものなどない。（　　）

③ 二十四時間営業の店。（　　）

④ 講義を聞きに人が集まる。（　　）

⑤ 岩の間からわき出た清水を飲む。（　　）

⑥ 川原の植物を観察する。（　　）

⑦ 近所の八百屋で野菜を買う。（　　）

⑧ 毎朝必ず果物を食べる。（　　）

2 □に漢字を書きましょう。

① □□□（しいくがかり）を希望する。

② タンポポの□□（わたげ）を飛ばす。

③ 傷（きず）口を□□（しょうどく）する。

④ 警（けい）察官が□□（はんにん）を追いかける。

⑤ 病気を□□（いし）にみてもらう。

⑥ 天気予報の□□（せいど）が上がる。

⑦ 学校でうさぎを□（か）っている。

⑧ □（めん）でできた服。

⑨ 昔の□□（じゅうきょ）が復元される。

⑩ □□（すえなが）く幸せに。

⑪ □（ひさ）しぶりにスキーをする。

⑫ この花には□（どく）がある。

⑬ 日常の□（いとな）みを大事にする。

⑭ 常に□□（せいしん）の安定を保つ。

月　　日

ぴったり2 練習

熟語（じゅく）の読み方

1 ——線の漢字の読みがなを書きましょう。

① お祭りで綿あめを食べる。（　）

② 持久力をつけるトレーニング。（　）

③ 河原で石を拾う。（　）

④ 妹がデパートで迷子になる。（　）

⑤ 新しい眼鏡を作る。（　）

⑥ 字は下手だが、ていねいに書く。（　）

⑦ かわいいねこを飼う。（　）

⑧ その友人と会わなくなって久しい。（　）

2 □に漢字を書きましょう。

① にわとりを□□（しいく）する。

② 客が長時間店に□（い）すわる。

③ □□（えいえん）の平和を願う。

④ □（どく）を持つ虫に注意する。

⑤ □□（しえい）プールで泳ぐ。

⑥ □□（はんざい）を未然に防ぐ。

⑦ □□□（こうえんかい）に参加する。

⑧ □□（りょうし）の仕事を体験する。

⑨ 電車代を□□（せいさん）する。

⑩ □□（めんか）をつむいで糸を作る。

⑪ 祖父母と□□（どうきょ）する。

⑫ 本屋を□（いとな）む。

⑬ □□（ぼうはん）カメラの映像（えい）。

⑭ □（せい）いっぱいがんばる。

教科書 196〜197ページ
答え 11ページ

漢字の広場⑤ 4年生で習った漢字

教科書 198ページ
答え 12ページ

月　　日

1 ――線の漢字の読みがなを書きましょう。

① 夜になり、街灯がつく。（　　）

② 山の中の清流で遊ぶ。（　　）

③ 近所の衣料品のお店。（　　）

④ 松の木がたくさんある公園。（　　）

⑤ 高い建物がならんでいる。（　　）

⑥ 妹は、わたしより身長が低い。（　　）

⑦ 百貨店で母と買い物をする。（　　）

⑧ 駅まで徒歩で向かう。（　　）

2 □に漢字を書きましょう。

① □（あさ）い川で遊ぶ。

② 道の□□（りょうがわ）に木を植える。

③ □□□（やさいばたけ）で草をかる。

④ □□□（こうさてん）で車を止める。

⑤ □□（ぼくじょう）で馬に乗る。

⑥ □□□（もくてきち）まで車で行く。

⑦ 小屋の□□（ふきん）に羊がいる。

⑧ □□（もくざい）を集める。

⑨ □□（そうこ）にかぎをかける。

⑩ 市内に□□□（はくぶつかん）がある。

⑪ 駅の□□（かいさつ）を出る。

⑫ □□□□□（りくじょうきょうぎじょう）

⑬ 伝統的な□□（みんか）。

⑭ 信号で□□（うせつ）する。

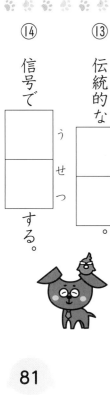

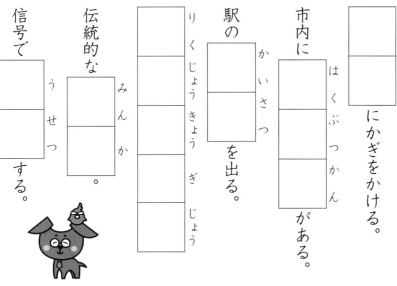

想像力のスイッチを入れよう

教科書 199〜210ページ

新しく学習する漢字

慣 囲 益 災

月　　日

教科書 202ページ

慣

カン
なれる
ならす

「母」にしない

使い方
朝早(あさはや)く起(お)きる習慣(しゅうかん)をつける。
新(あたら)しい生活(せいかつ)に慣(な)れる。
軽(かる)く運動(うんどう)して体(からだ)を慣(な)らす。

1〜14（筆順）

りっしんべん 忄

14画

ことわざ

習(なら)うより慣(な)れよ
習うより、自分でやって慣れたほうが上手になること。

教科書 204ページ

囲

イ
かこむ
かこう

はらう　とめる

使い方
周囲(しゅうい)の意見(いけん)を聞(き)く。
たき火(び)を囲(かこ)んで話(はなし)をする。
花(か)だんをさくで囲(かこ)う。

1〜7（筆順）

くにがまえ 囗

7画

いろいろな読み方

家の周囲(しゅうい)を木で囲(かこ)う。

教科書 205ページ

益

エキ
◆ヤク

向きに注意　はらう

使い方
去年(きょねん)より利益(りえき)が上(あ)がる。
益虫(えきちゅう)について調(しら)べる。
無益(むえき)なことをする。

1〜10（筆順）

さら 皿

10画

反対の意味の言葉

益虫(えきちゅう)

害虫

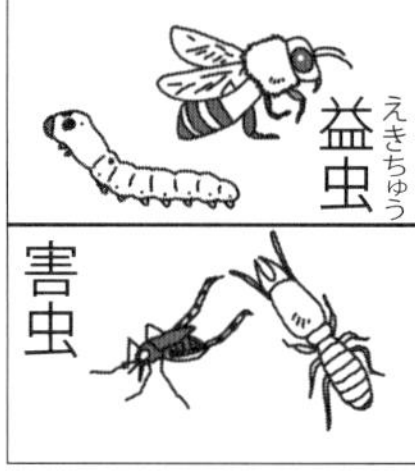

教科書 206ページ

災

サイ
◆わざわい

はらう　はらう

使い方
火災報知器(かさいほうちき)が鳴(な)る。
九月一日(くがつついたち)は防災(ぼうさい)の日(ひ)です。
天災(てんさい)に見(み)まわれる。

1〜7（筆順）

ひ 火

7画

言葉の意味

天災(てんさい)ー自然が起こす災害(さいがい)のこと。
人災(じんさい)ー人が起こす災害のこと。

「習慣」「週間」「週刊」のちがいに注意しよう。

月　日

ぴったり2 練習

想像力のスイッチを入れよう

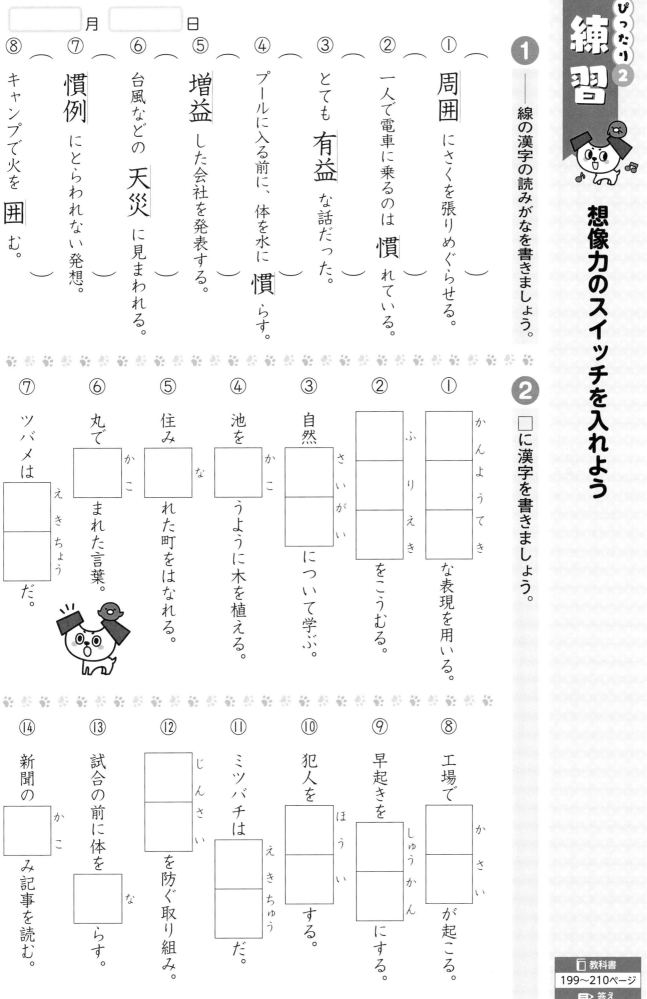

教科書 199〜210ページ
答え 12ページ

1 ——線の漢字の読みがなを書きましょう。

① <u>周囲</u>にさくを張りめぐらせる。（　　）

② 一人で電車に乗るのは<u>慣</u>れている。（　　）

③ とても<u>有益</u>な話だった。（　　）

④ プールに入る前に、体を水に<u>慣</u>らす。（　　）

⑤ <u>増益</u>した会社を発表する。（　　）

⑥ 台風などの<u>天災</u>に見まわれる。（　　）

⑦ <u>慣例</u>にとらわれない発想。（　　）

⑧ キャンプで火を<u>囲</u>む。（　　）

2 □に漢字を書きましょう。

① □□□（かんようてき）な表現を用いる。

② □□□（ふりえき）をこうむる。

③ 自然□□（さいがい）について学ぶ。

④ 池を□（かこ）うように木を植える。

⑤ 住み□（な）れた町をはなれる。

⑥ 丸で□（かこ）まれた言葉。

⑦ ツバメは□□（えきちょう）だ。

⑧ 工場で□□（かさい）が起こる。

⑨ 早起きを□□（しゅうかん）にする。

⑩ 犯人を□□（ほうい）する。

⑪ ミツバチは□□（えきちゅう）だ。

⑫ □□（じんさい）を防ぐ取り組み。

⑬ 試合の前に体を□（な）らす。

⑭ 新聞の□（かこ）み記事を読む。

月　日

ぴったり1 準備

複合語
大造じいさんとガン

教科書 211～248ページ

新しく学習する漢字

枝 費 税 制 衛 耕 損 粉 均 輸 団 務 快 燃 率 領 導 堂

教科書211ページ

枝

えだ ◆シ

使い方
枝豆を食べる。
木の枝を切る。
枝分かれした道を行く。

形の似た漢字
枝豆
球技

枝（きへん） 8画

教科書211ページ

費

ヒ ◆◆ついやす ◆◆ついえる

使い方
合宿の費用を集める。
今月分の学費をはらう。
先月は出費が多かった。

字の形に注意

3画目は折ってはねるよ!

貝（こがい） 12画

教科書211ページ

税

ゼイ

使い方
税務署に行く。
消費税をはらう。
税金の種類を知る。

形の似た漢字
税金
解説

禾（のぎへん） 12画

教科書211ページ

制

セイ

使い方
新しい制度が導入される。
工事で通行が制限される。
制服に着がえる。

反対の意味の言葉
私服
制服

刂（りっとう） 8画

教科書211ページ

衛

エイ

使い方
人工衛星がとらえた写真。
チャンピオンの座を防衛する。
衛生的な店。

字の形に注意

「五」じゃないよ!
「牛」としないように。

行（ぎょうがまえ／ゆきがまえ） 16画

月　日

教科書211ページ

耕

コウ
たがやす

横画は三本

使い方
耕地面積（こうちめんせき）が減（へ）る。
耕具（こうぐ）には、すきやくわがある。
機械（きかい）を使（つか）って畑（はたけ）を耕（たがや）す。

すきへん（らいすき）
10画

送りがな

教科書211ページ

損

ソン
◆そこなう
◆そこねる

平たく書く

使い方
自転車（じてんしゃ）が破損（はそん）する。
百円（ひゃくえん）を損（そん）する。
災害（さいがい）で多大（ただい）な損害（そんがい）が出（で）る。

てへん
13画

反対の意味の漢字
損（そん）

得

教科書211ページ

粉

フン
こ
こな

向きに注意　つけない　とめる　はねる

使い方
粉末（ふんまつ）の薬（くすり）を飲（の）む。
牛乳（ぎゅうにゅう）にきな粉（こ）を入（い）れる。
粉（こな）ミルクをお湯（ゆ）でとく。

こめへん
10画

いろいろな読み方
小麦粉（こむぎこ）のような粉薬（こなぐすり）を飲む。

教科書212ページ

均

キン

右上へ　はねる

使い方
テストの平均点（へいきんてん）が上（あ）がる。
ケーキを均等（きんとう）に分（わ）ける。
平均台（へいきんだい）を下（お）りる。

つちへん
7画

字の形に注意

教科書212ページ

輸

ユ

わすれない　はねる

使い方
北海道（ほっかいどう）から空輸（くうゆ）する。
日本（にっぽん）は小麦（こむぎ）の輸入（ゆにゅう）割合（わりあい）が高（たか）い。
船（ふね）で輸送（ゆそう）する。

くるまへん
16画

反対の意味の言葉

教科書212ページ

団

ダン
◆トン

はねる

使い方
集団（しゅうだん）で行動（こうどう）する。
クラス全員（ぜんいん）で団結（だんけつ）する。
みたらし団子（だんご）を食（た）べる。

くにがまえ
6画

ことわざ
花（はな）より団子（だんご）
外見より、実際に役立つほうがよいというたとえ。

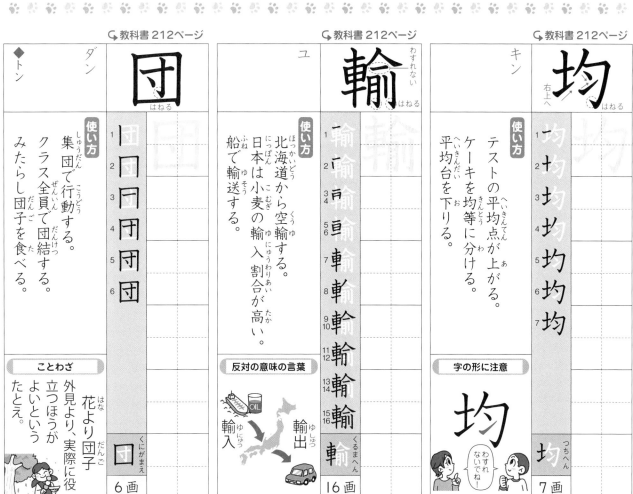

月　日

務

教科書212ページ

務（わすれない・はねる）

ム
つとめる
つとまる

使い方
母は銀行に勤務（ぎんこう・きんむ）している。
生徒会長（せいとかいちょう）を務（つと）める。
ぼくにも務（つと）まる仕事（しごと）だ。

部首：力（ちから）　11画

字の形に注意

快

教科書229ページ

快（はらう）

カイ
こころよい

使い方
病気（びょうき）が快方（かいほう）に向（む）かう。
毎日快適（まいにちかいてき）に過（す）ごす。
快（こころよ）く引（ひ）き受（う）ける。

部首：忄（りっしんべん）　7画

送りがな

燃

教科書229ページ

燃（わすれない・「タ」にしない・とめる）

ネン
もえる
もやす
もす

使い方
固形燃料（こけいねんりょう）を買（か）う。
木（き）が燃（も）える。
マッチを使（つか）って紙（かみ）を燃（も）やす。

部首：火（ひへん）　16画

まちがえやすい漢字

○燃える
×焼える

率

教科書229ページ

率（くっつける・つき出す）

リツ
ひきいる
◆ソツ

使い方
効率（こうりつ）よく作業（さぎょう）をする。
雨（あめ）がふる確率（かくりつ）は低（ひく）い。
先生（せんせい）が児童（じどう）を率（ひき）いる。

部首：玄（げん）　11画

形の似た漢字

領

教科書229ページ

領（とめる）

リョウ

使い方
日本（にっぽん）の領土（りょうど）を調（しら）べる。
アメリカの大統領（だいとうりょう）が来日（らいにち）する。
要領（ようりょう）のよいやり方（かた）を見（み）つける。

部首：頁（おおがい）　14画

形の似た漢字

導

教科書233ページ

導（長く・はねる）

ドウ
みちびく

使い方
新（あたら）しい機械（きかい）が導入（どうにゅう）される。
先生（せんせい）が指導（しどう）する。
応接室（おうせつしつ）に導（みちび）く。

部首：寸（すん）　15画

送りがな

月　日

教科書242ページ

読み方が新しい漢字

漢字	読み方	使い方	前に出た読み方
魚	うお	魚市場(うおいちば)へ行(い)く	魚(さかな)　金魚(きんぎょ)
正	まさ	正夢(まさゆめ)になった	正(ただ)しい　お正月(しょうがつ)　正門(せいもん)
歩	あゆ**む**	犬(いぬ)に歩(あゆ)み寄(よ)る	歩(ある)く　歩道(ほどう)
合	カッ	関ケ原(せきがはら)の合戦(かっせん)	出(だ)し合(あ)う　合体(がったい)　都合(つごう)
船	ふな	船旅(ふなたび)へ出(で)る	船(ふね)　風船(ふうせん)
角	つの	角笛(つのぶえ)をふく	四角形(しかくけい)　角(かど)

堂

ドウ

向きに注意　長く

1 堂 2 堂 3 堂 4 堂 5 堂 6 7 堂 8 堂 9 堂 10 堂 11 堂

使い方

食堂(しょくどう)に集(あつ)まる。

堂(どう)に入(い)った歌(うた)い方(かた)をする。

国会議事堂(こっかいぎじどう)を見学(けんがく)する。

字の形に注意

堂(つち)　11画

漢字クイズ 12

☆ 例のように、――線の漢字の一部または全部を使って、□に漢字を入れて文を完成させましょう。

答え16ページ

例
・町内のお祭りに参加する。
・実[際](さい)に、現地へ行って確かめる。

①
・駅前に小さな店を構える。
・□(こう)堂で式典が行われる。

②
・林間学校で自然に親しむ。
・マッチの火で紙を□(も)やす。

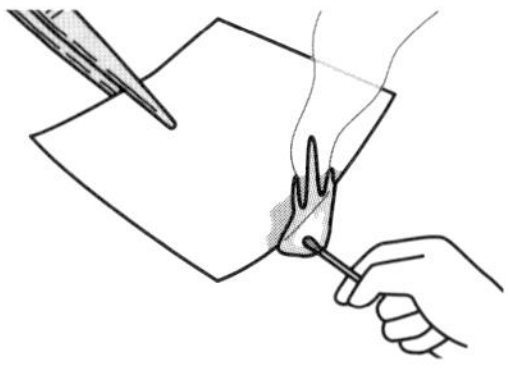

③
・夏物の衣服にかえる。
・工場でおかしを□(せい)造する。

複合語 大造(だいぞう)じいさんとガン

教科書 211～248ページ
答え 12ページ

□月□日

1 ―線の漢字の読みがなを書きましょう。

①（　）魚市場で朝ごはんを食べる。
②（　）昨日見た夢が正夢になる。
③（　）木の枝をむやみに折ってはいけない。
④（　）人工衛星を打ち上げる。
⑤（　）お寺の本堂を見学する。
⑥（　）角笛の歴史は古い。
⑦（　）先生が子どもを率いて歩く。
⑧（　）サルの頭領がえさを独りじめする。

2 □に漢字を書きましょう。

① よび止められて□（あゆ）みを止める。
② □□□（しょうひぜい）を計算する。
③ 赤組が□□□（せんせいてん）を取る。
④ 目の前に□□（のうこう）地帯が広がる。
⑤ 大きな□□（そんがい）を受ける。
⑥ □（こな）ミルクを薬局で買う。

⑦ 五年生の□□（へいきん）身長を調べる。
⑧ 原油を□□（ゆそう）する。
⑨ □□（だんたい）の旅行客をもてなす。
⑩ □□（じむ）の仕事をする。
⑪ 世界一周の□□（ふなたび）に出る。
⑫ 部屋を□□（かいてき）な温度に保つ。
⑬ 明日は□（も）えるゴミの日だ。
⑭ コーチに□□（しどう）してもらう。

月　　日

ぴったり2 練習

複合語 大造(だいぞう)じいさんとガン

教科書 211～248ページ　答え 12ページ

1 ――線の漢字の読みがなを書きましょう。

①（　　）**堂々**としたすがたに感心する。

②（　　）牛の**歩**みのようにおそい。

③（　　）あれた土地を**耕**す。

④（　　）ぼくに主役が**務**まるか心配だ。

⑤（　　）**快**いすずの音が聞こえる。

⑥（　　）ガイドに**導**かれて山に登る。

⑦（　　）**税金**の種類を学ぶ。

⑧（　　）身を**粉**にして働く。

2 □に漢字を書きましょう。

① 今月は□□（しゅっぴ）が少ない。

② 交通を□□（きせい）する。

③ □□（えいせい）管理に気をつける。

④ 屋根が□□（はそん）している。

⑤ ミツバチが□□（かふん）を集める。

⑥ おかしを□□（きんとう）に分ける。

⑦ 日本の主な□□（ゆにゅう）品を調べる。

⑧ クラスで□□（だんけつ）する。

⑨ ろうそくを□（も）やす。

⑩ けんび鏡の□□（ばいりつ）を上げる。

⑪ □□□（だいとうりょう）選挙の年。

⑫ □□（しょくどう）で定食を食べる。

⑬ まるで水を得た□（うお）のようだ。

⑭ □（まさ）しくそれは本物だ。

□月□日

ぴったり2 練習

複合語
大造（だいぞう）じいさんとガン

教科書 211～248ページ
答え 13ページ

1 ―線の漢字の読みがなを書きましょう。

① 休耕（　　）田の草をかる。
② 損益（　　）を計算する。
③ 正（　　）にかれの言う通りだ。
④ 粉雪（　　）がまう季節。
⑤ 均整（　　）のとれた体型。
⑥ 船乗（　　）りを目指して勉強する。
⑦ 可燃性（　　）のガスを使う実験。
⑧ 軽快（　　）なリズムの音楽が流れる。

2 □に漢字を書きましょう。

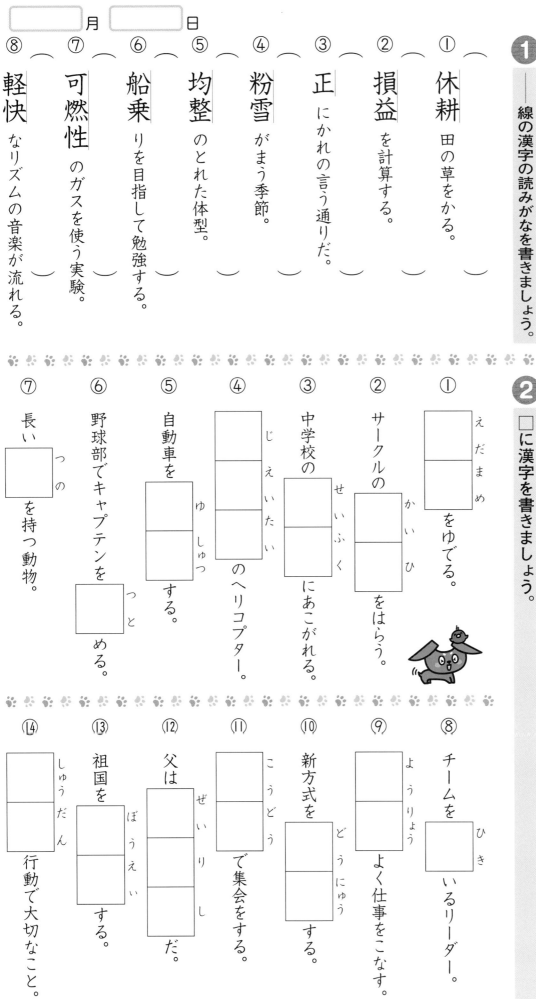

① □□（えだまめ）をゆでる。
② サークルの□□（かいひ）をはらう。
③ 中学校の□□（せいふく）にあこがれる。
④ □□□（じえいたい）のヘリコプター。
⑤ 自動車を□□（ゆしゅつ）する。
⑥ 野球部でキャプテンを□（つと）める。
⑦ 長い□（つの）を持つ動物。

⑧ チームを□（ひき）いるリーダー。
⑨ □□（ようりょう）よく仕事をこなす。
⑩ 新方式を□□（どうにゅう）する。
⑪ □□（こうどう）で集会をする。
⑫ 父は□□□（ぜいりし）だ。
⑬ 祖国を□□（ぼうえい）する。
⑭ □□（しゅうだん）行動で大切なこと。

　　月　　日

ぴったり2 練習

漢字の広場⑥ 4年生で習った漢字

教科書 249ページ　答え 13ページ

1 ―線の漢字の読みがなを書きましょう。

① 国会議員にインタビューをする。（　　）

② 大臣に話をうかがう。（　　）

③ 児童会の選挙を行う。（　　）

④ 初めて飛行機に乗る。（　　）

⑤ 相手の理解を求める。（　　）

⑥ 老人に席をゆずる。（　　）

⑦ 新しい機械を買う。（　　）

⑧ 木に巣箱を取り付ける。（　　）

2 □に漢字を書きましょう。

① みんなで□□（かだい）に取り組む。

② □□（こうがい）で川の水質が悪化する。

③ 身近な問題に□□（かんしん）を持つ。

④ 日本の□□（みらい）を予測する。

⑤ □□（さくや）から雨がふっている。

⑥ □□（ぐんて）をはめて作業する。

⑦ 部屋の□□（しょうめい）をつける。

⑧ 母にしかられて弟が□（な）く。

⑨ 町にあるお□（しろ）を絵にかく。

⑩ このながめは□□（ぜっけい）だ。

⑪ 夫に□□（きょうりょく）してもらう。

⑫ けんび□（きょう）を使って調べる。

⑬ 外で□□□（にっこうよく）をする。

⑭ 消化□□（きかん）の病気になる。

月　　日

春のチャレンジテスト

時間30分　／100　合格80点

教科書 196〜248ページ
答え 13ページ

1 ——線の漢字の読みがなを書きましょう。 一つ2点(28点)

① この眼鏡（　）は外国から輸入（　）された。
② その制度（　）については、費用（　）の面で問題が多い。
③ 農耕（　）文化の始まりについて調べる。
④ 魚市場（　）の近くにできた食堂（　）で食事をする。
⑤ 健康のために果物（　）を食べる。
⑥ 飼（　）っているねこが迷子（　）になった。
⑦ 雪合戦（　）でキャプテン役を務（　）める。
⑧ 慣例（　）にとらわれない強い精神（　）力を育む。

2 ——線の平がなを、漢字と送りがなに分けて書きましょう。 一つ2点(8点)

① 会えなくなってひさしい。［　｜　］
② こころよい返事をもらう。［　｜　］
③ お客様を会場へみちびく。［　｜　］
④ リーダーが仲間をひきいる。［　｜　］

3 次の漢字の部首名と、その部首の画数を漢字で書きましょう。 一つ1点(8点)

	部首名	部首の画数
① 飼		
② 制		
③ 団		
④ 慣		

4 □に漢字を書きましょう。

一つ3点（42点）

① □□（むえき）な争い。

② 紙が□（も）える。

③ 大会を□□（うんえい）する。

④ 木の□（えだ）を切る。

⑤ □□（えいせい）放送を見る。

⑥ □□（ようりょう）が悪い。

⑦ □□（しどう）を受ける。

⑧ □□（はんざい）が減る。

⑨ □□（さいがい）に備える。

⑩ □□（ぜいきん）をおさめる。

⑪ 書類を書き□（そん）じる。

⑫ 縄文（じょうもん）時代の□□（じゅうきょ）。

⑬ □□（えいえん）に語りつぐ。

⑭ □□（まわた）のふとん。

5 次の漢字の赤い部分は、何画目に書きますか。数字で答えましょう。

一つ2点（14点）

① 囲　□画目

② 務　□画目

③ 耕　□画目

④ 堂　□画目

⑤ 費　□画目

⑥ 輸　□画目

⑦ 毒　□画目

読み方さくいん

❖五年生で習う漢字の読みを全部のせています。
❖かたかなは音読み、ひらがなは訓読みです。
❖＊印の読み方は、小学校では習わない読み方です。
❖数字は、この本で出てくるページです。

こやす 肥 29
ころす 殺 68
コン 混 53

さ

サ 査 26
サ 再 57
サイ 際 10
サイ 妻 53
サイ 採 53
サイ 再 57
*サイ 財 61
*サイ 殺 68
サイ 災 82
ザイ 罪 29
ザイ 在 46
ザイ 財 61
さか 逆 35
さかい 境 34
さからう 逆 35
さくら 桜 8
*さげる 提 47
ささえる 支 43
*さずかる 授 61
*さずける 授 61
サツ 殺 68
ザツ 雑 53
サン 賛 51
サン 酸 58

し

シ 史 20
シ 士 25
シ 資 26
シ 志 30
*シ 示 42
シ 支 43
シ 飼 76
シ 師 77
*シ 枝 84
*ジ 似 17
ジ 示 42
シキ 識 16
シキ 織 61
*シチ 質 15
シツ 質 15
しめす 示 42
シャ 舎 28
シャ 謝 29
*シュ 修 8
ジュ 授 61
シュウ 修 8
ジュツ 術 5
ジュツ 述 68
ジュン 準 9
ジョ 序 22
ショウ 象 2
ショウ 賞 3
ショウ 招 21
*ショウ 性 26
*ショウ 政 42
ショウ 証 57
*ショウ 精 77
ジョウ 情 2
ジョウ 状 3
ジョウ 常 22
ジョウ 条 50
*ショク 織 61
ショク 職 67

す

*ス 素 58
*すい 酸 58
すぎる 過 56
すくう 救 67
すごす 過 56
*すべる 統 58

せ

*セイ 情 2
セイ 勢 20
セイ 性 26
セイ 製 29
セイ 政 42
セイ 精 77
セイ 制 84
ゼイ 税 84
セキ 績 30
セキ 責 57
セツ 接 17
セツ 設 58
*セツ 殺 68
ゼツ 絶 2
せめる 責 57

そ

ソ 祖 9
ソ 素 58
ソウ 総 26
ゾウ 像 2
ゾウ 象 2
ゾウ 造 16
ゾウ 雑 53
ゾウ 増 57
ソク 測 28
ソク 則 62
ゾク 属 15
*そこなう 損 85
*そこねる 損 85
*ソツ 率 86
そなえる 備 9
そなわる 備 9
ソン 損 85

た

タイ 態 35
*タイ 貸 50
たえる 絶 2
たがやす 耕 85
たしか 確 15
たしかめる 確 15
たつ 絶 2
*たつ 断 34
たもつ 保 50
たやす 絶 2
ダン 断 34
ダン 団 85

ち

*チ 質 15
チク 築 62
チョ 貯 62
チョウ 張 43

つ

*ついえる 費 84
*ついやす 費 84
*つぐ 接 17
つくる 造 16
つげる 告 15
つとまる 務 86
つとめる 務 86
つね 常 22
つま 妻 53
つみ 罪 29

て

テイ 停 9
テイ 提 47
テイ 程 56
テキ 適 5

と

トウ 統 58
ドウ 銅 8
ドウ 導 86
ドウ 堂 87
とかす 解 3
トク 得 42
とく 解 3
ドク 独 46
ドク 毒 77
とける 解 3
*とこ 常 22
とまる 留 17
とめる 留 17
とる 採 53
*トン 団 85

な
ながい　永　76
なさけ　情　2
ならす　慣　82
なれる　慣　82

に
にる　似　17
ニン　任　57

ぬ
ぬの　布　56

ね
ネン　燃　86

の
ノウ　能　54
のべる　述　68

は
ハ　破　8
はか　墓　68
はかる　測　28
＊バク　暴　29
はる　張　43
ハン　判　35
ハン　版　68
ハン　犯　77
バン　判　35

ひ
ヒ　非　26
ヒ　肥　29
ヒ　比　42
ヒ　費　84
ビ　備　9
ひきいる　率　86
ひさしい　久　76
ひたい　額　63
ひとり　独　46
ヒョウ　評　51
＊ヒン　貧　68
ビン　貧　68

ふ
フ　布　56
フ　婦　67
ブ　武　25
ふえる　増　57
フク　複　6
フク　復　9
ふせぐ　防　29
ふたたび　再　57
ブツ　仏　47
ふやす　増　57
フン　粉　85

へ
へらす　減　56
へる　経　2
へる　減　56
ヘン　編　34
ベン　弁　46

ほ
ホ　保　50
ボ　墓　68
ホウ　報　15
ホウ　豊　56
ボウ　貿　10
ボウ　暴　29
ボウ　防　29
＊ほど　程　56
ほとけ　仏　47

ま
まかす　任　57
まかせる　任　57
まざる　混　53
まじる　混　53
ます　増　57
まずしい　貧　68
まぜる　混　53
＊まつりごと　政　42
＊まなこ　眼　9
まねく　招　21
まよう　迷　46

み
みき　幹　21
みちびく　導　86
ミャク　脈　61

む
ム　武　25
ム　夢　34
ム　務　86
＊むくいる　報　15

め
＊メイ　迷　46
メン　綿　76

も
もうける　設　58
もえる　燃　86
もす　燃　86
＊もと　基　63
＊もとい　基　63
もやす　燃　86

や
＊ヤク　益　82
やさしい　易　10
やぶる　破　8
やぶれる　破　8

ゆ
ユ　輸　85
＊ゆえ　故　63
ゆたか　豊　56
ゆめ　夢　34
ゆるす　許　5

よ
ヨ　余　47
ヨウ　容　5
よせる　寄　47
＊よる　因　16
よる　寄　47
よろこぶ　喜　3

り
リツ　率　86
リャク　略　53
リュウ　留　17
リョウ　領　86

る
ル　留　17

れ
レキ　歴　20

わ
＊わざ　技　5
＊わざわい　災　82
わた　綿　76

5年 漢字のまとめ

学力診断（しんだん）テスト①

名前

月　日

時間 30分

合格80点　／100

答え 14ページ

(切り取り線)

1 ―線の漢字の読みがなを書きましょう。　一つ1点(25点)

① <u>直</u>（　）ちにすばらしい<u>効能</u>（　）が現れる薬を<u>輸入</u>（　）する。

② <u>総理</u>（　）大臣が自ら<u>国際</u>（　）会議に出席する。

③ <u>価</u>（　）値（ち）のある、古い<u>銅像</u>（　）を発見する。

④ 事前に<u>指導者</u>（　）にきちんと<u>許可</u>（　）を得る。

⑤ 新発売の<u>製品</u>（　）で売り場が<u>混</u>（　）み合う。

2 □に漢字を書きましょう。　一つ1点(25点)

① □□（りえき）が出るかどうかの□□（きょうかい）線上だ。

② その行動は□□（きそく）で□□（きんし）されている。

③ □□（そしき）の□□（せきにん）者を指名する。

④ □□（がんたい）をつけて、目を□□（ほご）する。

⑤ 広い庭で□（か）い犬が□□（むちゅう）で遊ぶ。

きんぞく　いどう

② 并 咼 商 米 →（　　）
③ 員 采 召 →（　　）
④ 可 絜 則 →（　　）
⑤ 殳 午 正 冓 →（　　）

5 次の漢字の赤い部分は、何画目に書きますか。数字で答えましょう。 一つ1点（4点）

① 状 □画目
② 非 □画目
③ 布 □画目
④ 武 □画目

（同じ漢字は二回以上使えません）

○ 長 ① → ① 集 → 集 ② → ② 結
○ 木 ③ → ③ 花 → 花 ④ → ④ 当
○ 金 ⑤ → ⑤ 面 → 面 ⑥ → ⑥ 着 →
着 水 → 水 ⑦ → ⑦ 力

額 造 団 弁
圧 接 編 識

① □
② □
③ □
④ □
⑤ □
⑥ □
⑦ □

（切り取り線）

3 次の――線の平がなを、漢字と送りがなに分けて書きましょう。

一つ2点(12点)

例 デザインを かんがえる。 [考―える]

① 生徒を ひきいる。 [―]

② いなかぐらしに なれる。 [―]

③ 人通りが たえる。 [―]

④ 正答を たしかめる。 [―]

⑤ 畑の土が こえる。 [―]

⑥ 今後の課題を しめす。 [―]

4 次にしめすのは、ある漢字の一部です。共通してつく部首名を書きましょう。

一つ1点(5点)

例 早 化 采 → （くさかんむり）

① 艮 方 僉 → （ ）

6 次の漢字には、いくつかの読み方があります。――線の漢字の読みがなを書きましょう。

一つ1点(15点)

① 易　易者（ ）　易しい（ ）　平易（ ）

② 留　留まる（ ）　留守（ ）　留意（ ）

③ 志　高い志（ ）　志す（ ）　意志（ ）

④ 増　増加（ ）　増える（ ）　増す（ ）

⑤ 再　再来年（ ）　再開（ ）　再び会う（ ）

7 次の①～⑦の中に漢字を入れ、漢字のしりとりを完成させます。当てはまる漢字を□の中から選び、書きましょう。

（切り取り線）

⑥ 大勢（　　）の人がいっせいに講堂（　　）から退（たい）場する。

⑦ 市の現状（　　）について、報道（　　）で知る。

⑧ いつもわたしを支（　　）えてくれる母に感謝（　　）する。

⑨ たった独（　　）りで太平洋を航海（　　）する。

⑩ コリーは、やさしい性格（　　）をしている犬種（　　）です。

⑪ 停車（　　）したバスから左右（　　）を見ておりる。

⑫ 暴動（　　）が起こった後の周囲（　　）の様子が新聞にのる。

---

⑥ （　　）を、倉庫に（　　）する。

⑦ （けんさ）についていろいろと（しつもん）する。

⑧ （そせん）から伝わる（りょうど）を守る。

⑨ （さんそ）は、（けつえき）によって運ばれる。

⑩ 今日の（きしょう）は、（まさ）に（かいせい）だ。

⑪ 俳（はい）（く）は、五、七、五の十七音で（こうせい）される。

⑫ 先生の（はんが）展（てん）は、（ひょうばん）がよい。

↩うらにも問題があります。

（切り取り線）

5年 漢字のまとめ

学力診断（しんだん）テスト②

名前

月　日

時間 30分

合格80点　／100

答え 15ページ

（切り取り線）

1 ——線の漢字の読みがなを書きましょう。

一つ1点(25点)

① 期限（　）をしばらく過（　）ぎてから本を返した。

② 今日の講演（　）は、とても興味（　）深かった。

③ 海外に永住（　）したおじは、農耕（　）で成功した。

④ かれが走破（　）したことは、わたしが証明（　）します。

⑤ 受賞（　）できたことの喜（　）びを十分間で述（　）べる。

2 □に漢字を書きましょう。

一つ1点(25点)

① □□□（ひじょうしき）な□□（たいど）だ。

② □（さくら）の花もようがある皿を□□（にこ）もらう。

③ □（あま）った□□（せいよう）の□（ぬの）で手さげを作る。

④ □□（かめん）をかぶった客を□（まね）き入れる。

⑤ □□（いし）には、いくつかの□□（ぎむ）がある。

⑥ ドラマで□□（ぶし）の□□（れきし）

④（八百屋　　）⑤（川原　　）⑥（迷子　　）

5 次の意味をもつ熟語を、［　］の漢字を組み合わせて作りましょう。　一つ2点(10点)

① 二つ以上のものを一つにまとめること。［　］［　］

② あることが成立するのに必要なことがら。［　］［　］

③ 外国との間で商品を売買すること。［　］［　］

④ 外敵などをふせぐ、そなえをすること。［　］［　］

⑤ 不注意から起こるあやまち。［　］［　］

件　過　合　易　条　失　防　備　貿　統

（切り取り線）

7 次の□に漢字を入れて、矢印の……になるようにしましょう。　一つ2点(20点)

① 薄着　↕　□着（あつぎ）

② 損　↕　□（とく）

③ 集合　↕　□散（かいさん）

④ 増加　↕　□少（げんしょう）

⑤ 単数　↕　□数（ふくすう）

⑥ 往路　↕　□路（ふくろ）

⑦ 反対　↕　□成（さんせい）

⑧ 新作　↕　□作（きゅうさく）

⑨ 結果　↕　原□（げんいん）

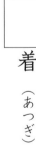

⑩ 理想　↕　□実（げんじつ）

3 次の漢字の部首名を書きましょう。　一つ1点(6点)

例　寒（うかんむり）

①　衛（　　　）

②　居（　　　）

③　雑（　　　）

④　独（　　　）

⑤　酸（　　　）

⑥　禁（　　　）

4 次の言葉は、特別な読み方をします。読みがなを書きましょう。　一つ1点(6点)

①（　　　）真面目

②（　　　）下手

③（　　　）眼鏡

6 次の漢字の総画数を漢字で書きましょう。　一つ1点(8点)

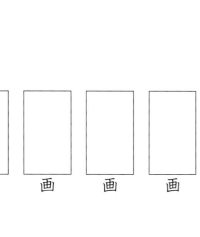

①　比　□画

②　潔　□画

③　職　□画

④　似　□画

⑤　質　□画

⑥　造　□画

⑦　脈　□画

⑧　護　□画

…上と下の言葉が反対の意味

⑥ 鉱山（　　）から、多くの資（　　）源(げん)がもたらされる。

⑦ 被(ひ)害の程度（　　）が大きいので保険金（　　）が下りる。

⑧ 費用（　　）をおさえるため、三つの方法を比（　　）べる。

⑨ 精力的（　　）に絵の制作（　　）活動を行う。

⑩ 父は、ドイツで建築（　　）の最新の技術（　　）を学んだ。

⑪ 二つの容器（　　）におかずを均等（　　）に入れる。

⑫ 祖父（　　）は、おかげさまで健在（　　）です。

（切り取り線）

□□を学ぶ。

⑦ きびしい建築□□（きじゅん）を□□（せってい）する。

⑧ 妹に、□□（べんとうばこ）を□（か）す。

⑨ □□（じこ）についての書類を□□（ていじ）する。

⑩ 母は□□□（ふじんふく）の店を□□（けいえい）する。

⑪ □（えだ）にとまっているこん虫を□□（さいしゅう）する。

⑫ □□（きあつ）の急な変化にも□□（てきおう）できる。

うらにも問題があります。

この「丸つけラクラク解答」はとりはずしてお使(つか)いください。

教科書ぴったりトレーニング

丸つけラクラク解答

光村図書版 漢字5年

「丸つけラクラク解答」では問題(もんだい)と同じ紙面(しめん)に、赤字で答えを書いています。
①問題がとけたら、まずは答え合わせをしましょう。
②まちがえた問題やわからなかった問題は、ぴったり1にもどったり、教科書を見返(みかえ)したりして、もう一度(いちど)見直しましょう。

見やすい答え

てびき

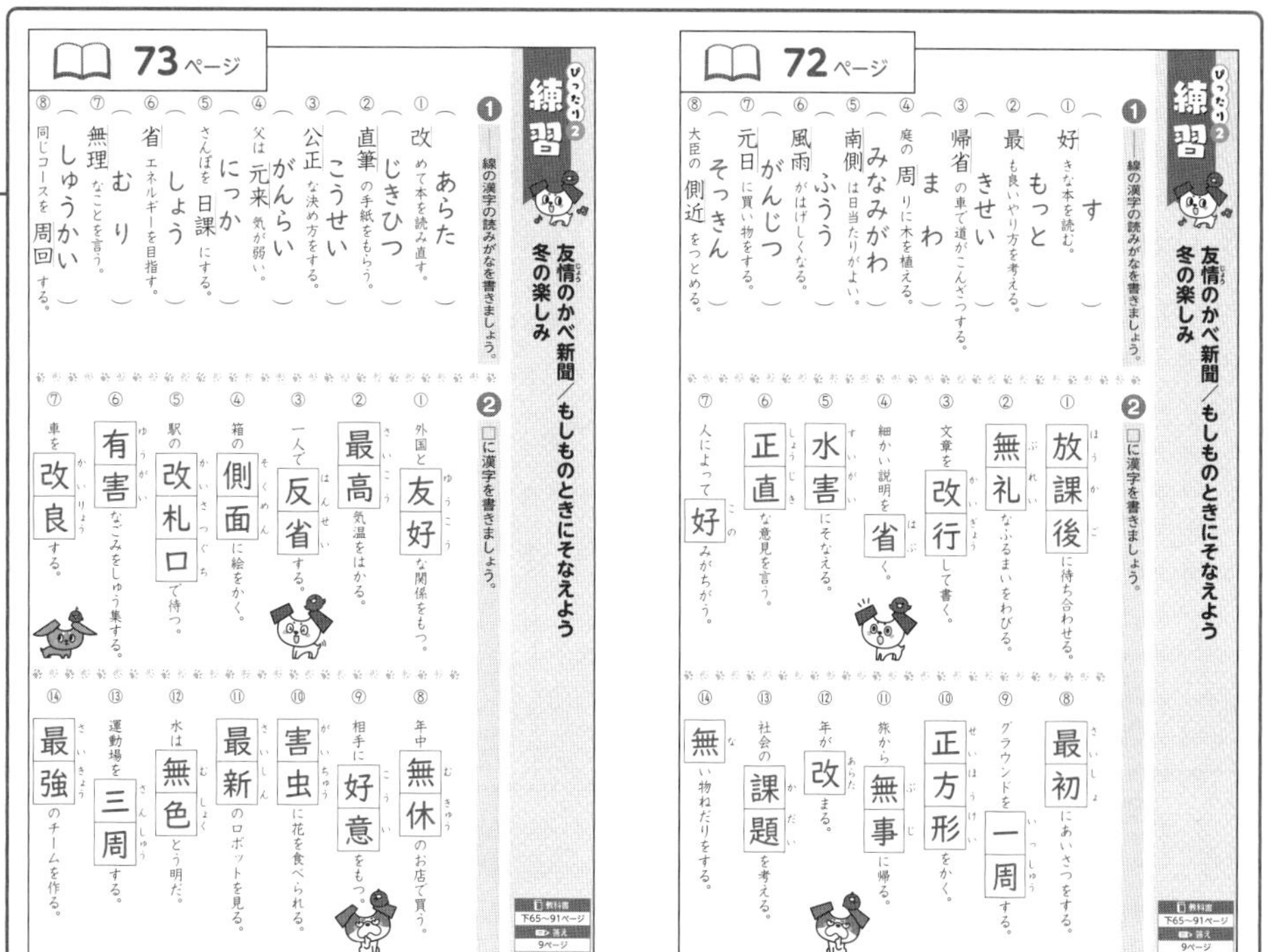

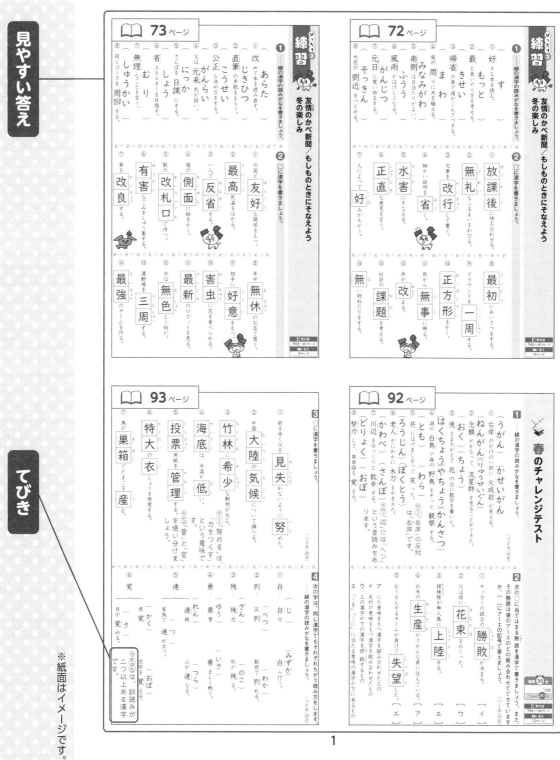

※紙面はイメージです。

4ページ

ぴったり2 練習

かんがえるのって おもしろい
銀色の裏地

1 ——線の漢字の読みがなを書きましょう。

① 人物の心情をとらえる。（しんじょう）
② 言われたことは絶対に守る。（ぜったい）
③ コンクールの賞状を受け取る。（しょうじょう）
④ 物語の流れを理解する。（りかい）
⑤ 火を絶やさないように注意する。（た）
⑥ ほめられてもすなおに喜べない。（よろこ）
⑦ 印象深い光景だ。（いんしょう）
⑧ 試験の解答を紙に書く。（かいとう）

2 □に漢字を書きましょう。

① **想像**より大きな家だ。
② これまでの**経験**をふり返る。
③ **象**の親子を写生する。
④ 親友と**絶交**してしまう。
⑤ **厚切**りの肉。
⑥ 絵画コンクールで**入賞**する。
⑦ 合格した**喜**びをかみしめる。
⑧ 駅前に新しい**像**が立つ。
⑨ 長い年月を**経**る。
⑩ **情**けなくて、なみだが出る。
⑪ **気象**庁の予報では晴れ。
⑫ むずかしい問題を**解**く。
⑬ **絶大**な人気をほこる。
⑭ いかりが**表情**に出る。

教科書 20～38ページ　答え 2ページ

7ページ

ぴったり2 練習

図書館を使いこなそう

1 ——線の漢字の読みがなを書きましょう。

① 適切なきょりをたもつ。（てきせつ）
② 複数の人物が登場する。（ふくすう）
③ 医者から外出を許された。（ゆる）
④ 美容と健康によい食べ物。（びよう）
⑤ 小学生に適した本を買う。（てき）
⑥ 二つのものを複合する。（ふくごう）
⑦ アイデア商品で特許を取る。（とっきょ）
⑧ 賛成多数で可決する。（かけつ）

2 □に漢字を書きましょう。

① **内容**について書かれた紙。
② 日本の**技術**をしょうかいする。
③ 先生に**許可**してもらう。
④ 空の**容器**にうつしかえる。
⑤ **特技**はけん玉だ。
⑥ 兄と**美術館**に行く。
⑦ **適当**な大きさの石を集める。
⑧ 陸上**競技**大会に出場する。
⑨ 父の**手術**が成功する。
⑩ 生活に**不可欠**なもの。
⑪ **複写**された文書を読む。
⑫ **容積**を計算する。
⑬ 友達に心を**許**す。
⑭ おふろに**最適**な温度。

教科書 39～41ページ　答え 2ページ

12ページ

ぴったり2 練習

漢字の成り立ち

1 ——線の漢字の読みがなを書きましょう。

① 全体の構成を決めて文章を書く。（こうせい）
② 八分音ぷのリズム。（はちぶ）
③ クラス一丸となってがんばる。（いちがん）
④ 駅前に銅像が建つ。（どうぞう）
⑤ 作業は、思いの外早く終わった。（ほか）
⑥ 眼科で検査を受ける。（がんか）
⑦ 赤飯をたいて祝う。（せきはん）
⑧ 大学で学問を修める。（おさ）

2 □に漢字を書きましょう。

① ほおを**桜色**にそめる。
② 約束を**破**ってしまった。
③ われたつぼを**修復**する。
④ 各駅に**停車**する。
⑤ 問いに**直**ちに答える。
⑥ 人類の**祖先**について調べる。
⑦ **父母**の会が設立される。
⑧ **準備**に時間がかかる。
⑨ 父は**貿易**会社で働いている。
⑩ **実際**に長さをはかる。
⑪ わたしの母は**愛犬家**だ。
⑫ **清潔**なベッドでねる。
⑬ 費用がかかっても**構**わない。
⑭ **破産**した会社を再建する。

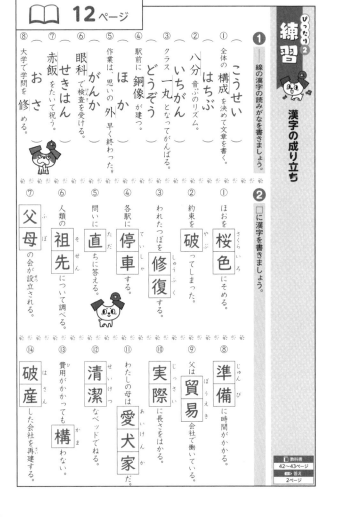

教科書 42～43ページ　答え 2ページ

13ページ

ぴったり2 練習

漢字の成り立ち

1 ——線の漢字の読みがなを書きましょう。

① 家族で夜桜を楽しむ。（よざくら）
② にがい丸薬を飲む。（がんやく）
③ 約束を破ってはいけない。（やぶ）
④ 天気が回復する。（かいふく）
⑤ ちこくするなど、もっての外だ。（ほか）
⑥ パトカーが直ちに現場に向かう。（ただ）
⑦ 十年ぶりに母校をたずねる。（ぼこう）
⑧ 合唱大会に備え、練習する。（そな）

2 □に漢字を書きましょう。

① 絵の**構図**を決める。
② 敵地での試合は**分**が悪い。
③ **銅**でできた十円玉。
④ 自転車を**修理**してもらう。
⑤ **肉眼**で見える星をさがす。
⑥ 港にタンカーが**停船**している。
⑦ **祖父**から、しょうぎを教わる。
⑧ 兄は**標準**より身長が高い。
⑨ 外国語を**容易**に話す。
⑩ この**際**だから言っておこう。
⑪ 近所の**番犬**にほえられる。
⑫ 身の**潔白**が明らかになる。
⑬ 事故で**大破**した車。
⑭ 選手が**守備**につく。

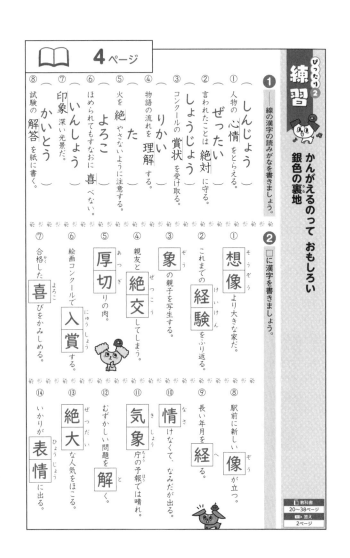

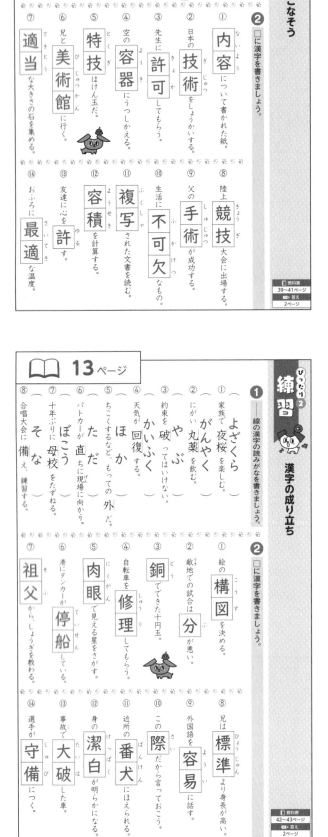

教科書 42～43ページ　答え 2ページ

14ページ

ぴったり2 練習　漢字の成り立ち

1 ――線の漢字の読みがなを書きましょう。

① 家の前で待ち構える。（かま）
② 七度五分の熱が出た。（ぶ）
③ 今日の授業の復習をする。（ふくしゅう）
④ テストは、ことの外かん単だった。（ほか）
⑤ 眼光するどい野生動物。（がんこう）
⑥ バスが急に停車する。（ていしゃ）
⑦ 予備の電池を持っていく。（よび）
⑧ この問題は易しくない。（やさ）

2 □に漢字を書きましょう。

① お花見で桜もちを食べる。（さくら）
② ほう丸投げの選手。（がん）
③ 銅でできたコップを使う。（どう）
④ 転んでズボンが破れる。（やぶ）
⑤ 修学旅行の思い出。（しゅうがく）
⑥ 時間がないので直ちに始める。（ただ）
⑦ 祖母といっしょにくらす。（そぼ）
⑧ 準決勝に勝ち進む。（じゅん）
⑨ 国際化社会を生きる。（こくさい）
⑩ チワワは小型の犬種だ。（けんしゅ）
⑪ 不潔な部屋をそうじする。（ふけつ）
⑫ 作文の構想を練る。（こうそう）
⑬ 備えあればうれいなし。（そな）
⑭ 平易な文章で書かれた本。（へいい）

教科書 42～43ページ　答え 3ページ

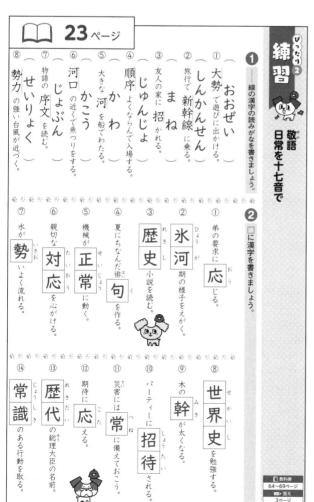

18ページ

ぴったり2 練習　きいて、きいて、きいてみよう／見立てる　言葉の意味が分かること／原因と結果

1 ――線の漢字の読みがなを書きましょう。

① グループごとの報告を聞く。（ほうこく）
② 失敗の原因をさぐる。（げんいん）
③ 丸太でログハウスをつくる。（まるた）
④ 姉はカナダに留学している。（りゅうがく）
⑤ 体を使って表現する。（ひょうげん）
⑥ 電話ではなく直接会って話す。（ちょくせつ）
⑦ チケットの使用は当日に限る。（かぎ）
⑧ 友達の家は家族旅行で留守だ。（るす）

2 □に漢字を書きましょう。

① 弟の質問に答える。（しつもん）
② サッカー部に所属する。（しょぞく）
③ 母にもう一度確かめる。（たし）
④ 他人の目を意識する。（いしき）
⑤ アメリカの西部の町。（せいぶ）
⑥ 大きな船を造る。（つく）
⑦ 父とわたしはよく似ている。（に）
⑧ これは期間限定の商品だ。（げんてい）
⑨ すがたを現す。（あらわ）
⑩ 品質をチェックする。（ひんしつ）
⑪ 季節を告げる鳥が来た。（つ）
⑫ 次の試験は合格（ごうかく）確実だ。（かくじつ）
⑬ 本から知識をえる。（ちしき）
⑭ 古代ローマの建造物。（けんぞう）

教科書 46～63ページ　答え 3ページ

19ページ

ぴったり2 練習　きいて、きいて、きいてみよう／見立てる　言葉の意味が分かること／原因と結果

1 ――線の漢字の読みがなを書きましょう。

① 質のよい紙を選ぶ。（しつ）
② 車両通行止めの標識。（ひょうしき）
③ 庭園を造る。（つく）
④ 西洋の音楽。（せいよう）
⑤ 弟の似顔絵をかく。（にがおえ）
⑥ 無限の未来が広がる。（むげん）
⑦ 追加点で勝利を確かにする。（たし）
⑧ 歌手がステージ上に現れる。（あらわ）

2 □に漢字を書きましょう。

① 新たな情報がえられる。（じょうほう）
② 広告代理店につとめる。（こうこく）
③ 付属のケースにしまう。（ふぞく）
④ 成功を確信している。（かくしん）
⑤ まさに因果応報（おうほう）だ。（いんが）
⑥ この家は木造です。（もくぞう）
⑦ 水色の服がよく似合う。（にあ）
⑧ 限られた時間で作業を終える。（かぎ）
⑨ 停留所でバスを待つ。（ていりゅうじょ）
⑩ 理想と現実。（げんじつ）
⑪ 接続語の勉強をする。（せつぞくご）
⑫ 報道番組のキャスター。（ほうどう）
⑬ 先生の言葉を心に留める。（と）
⑭ えがおで友達に接する。（せっ）

教科書 46～63ページ　答え 3ページ

23ページ

ぴったり2 練習　敬語（けいご）　日常を十七音で

1 ――線の漢字の読みがなを書きましょう。

① 大勢で遊びに出かける。（おおぜい）
② 旅行で新幹線に乗る。（しんかんせん）
③ 友人の家に招かれる。（まね）
④ 順序よくならんで入場する。（じゅんじょ）
⑤ 大きな河を船でわたる。（かわ）
⑥ 河口の近くで魚つりをする。（かこう）
⑦ 物語の序文を読む。（じょぶん）
⑧ 勢力の強い台風が近づく。（せいりょく）

2 □に漢字を書きましょう。

① 弟の要求に応じる。（おう）
② 氷河期の様子をえがく。（ひょうが）
③ 歴史小説を読む。（れきし）
④ 夏にちなんだ俳（はい）句を作る。（く）
⑤ 機械が正常に動く。（せいじょう）
⑥ 親切な対応を心がける。（たいおう）
⑦ 水が勢いよく流れる。（いきお）
⑧ 世界史を勉強する。（せかいし）
⑨ 木の幹が太くなる。（みき）
⑩ パーティーに招待される。（しょうたい）
⑪ 災害（さいがい）には常に備えておこう。（つね）
⑫ 期待に応える。（こた）
⑬ 歴代の総理（そうり）大臣の名前。（れきだい）
⑭ 常識のある行動を取る。（じょうしき）

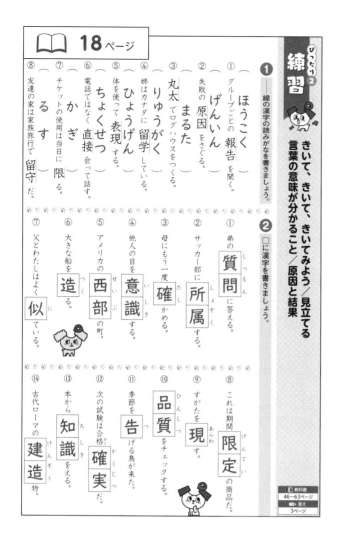

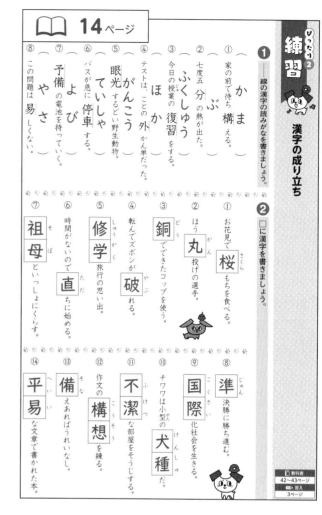

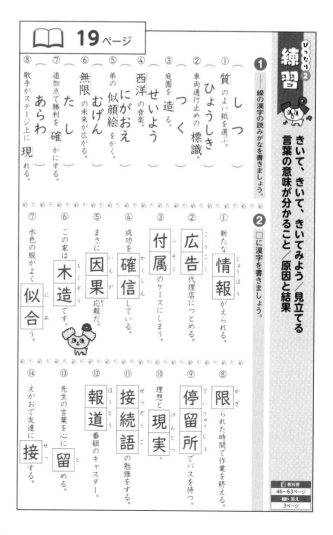

教科書 64～69ページ　答え 3ページ

24ページ

練習 ぴったり2

漢字の広場① 4年生で習った漢字

1 ——線の漢字の読みがなを書きましょう。

① 案内図で場所を確かめる。（あんないず）
② 利用者の要望に応える。（ようぼう）
③ 戦争について書かれている本。（せんそう）
④ 便利な道具を使う。（べんり）
⑤ エジソンの伝記を読む。（でんき）
⑥ 本の種類を区別する。（くべつ）
⑦ 家具の配置を変える。（はいち）
⑧ 一人ずつ順番に部屋に入る。（じゅんばん）

2 □に漢字を書きましょう。

① 最新（さいしん）の情報を集める。
② 好きな季節（きせつ）は春です。
③ 百科事典（ひゃっかじてん）で調べる。
④ 公共（こうきょう）の交通機関を使う。
⑤ 資料を年代ごとに分類（ぶんるい）する。
⑥ 極力（きょくりょく）話さないようにする。
⑦ 理科の参考書（さんこうしょ）を買う。
⑧ 辞書（じしょ）を引いて調べる。
⑨ 英語（えいご）の絵本をもらう。
⑩ 友達から本を借（か）りる。
⑪ 貸（か）し出しは一人五さつ以内（いない）。
⑫ 児童書（じどうしょ）を読む。
⑬ 席（せき）に着いて先生を待つ。
⑭ 説明（せつめい）文を読む。

教科書 70ページ　答え 4ページ

27ページ

練習 ぴったり2

古典の世界（一）／目的に応じて引用するとき みんなが使いやすいデザイン

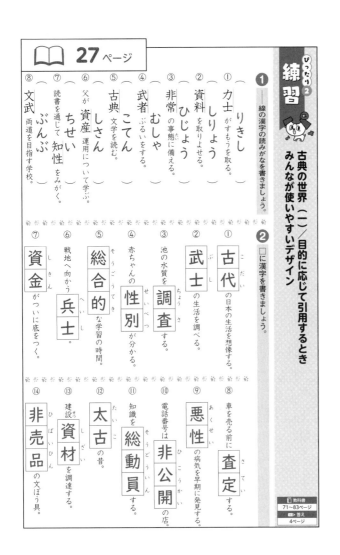

1 ——線の漢字の読みがなを書きましょう。

① 力士がすもうを取る。（りきし）
② 資料を取りよせる。（しりょう）
③ 非常の事態に備える。（ひじょう）
④ 武者ぶるいをする。（むしゃ）
⑤ 古典文学を読む。（こてん）
⑥ 父が資産運用について学ぶ。（しさん）
⑦ 読書を通じて知性をみがく。（ちせい）
⑧ 文武両道を目指す学校。（ぶんぶ）

2 □に漢字を書きましょう。

① 古代（こだい）の日本の生活を想像する。
② 武士（ぶし）の生活を調べる。
③ 池の水質を調査（ちょうさ）する。
④ 赤ちゃんの性別（せいべつ）が分かる。
⑤ 総合的（そうごうてき）な学習の時間。
⑥ 戦地へ向かう兵士（へいし）。
⑦ 資金（しきん）がついに底をつく。
⑧ 車を売る前に査定（さてい）する。
⑨ 悪性（あくせい）の病気を早期に発見する。
⑩ 電話番号は非公開（ひこうかい）の店。
⑪ 知識を総動員（そうどういん）する。
⑫ 太古（たいこ）の昔。
⑬ 建設（けんせつ）資材（しざい）を調達する。
⑭ 非売品（ひばいひん）の文ぼう具。

教科書 71〜83ページ　答え 4ページ

31ページ

練習 ぴったり2

同じ読み方の漢字

1 ——線の漢字の読みがなを書きましょう。

① 校舎をそうじする。（こうしゃ）
② 家と学校を往復する。（おうふく）
③ 牛肉を使った料理。（ぎゅうにく）
④ 防火訓練に参加する。（ぼうか）
⑤ 志の高い姉を尊敬する。（こころざし）
⑥ 男性の料理教室に参加する。（だんせい）
⑦ 身体測定と体力テスト。（そくてい）
⑧ 大雨がふり、暴風がふく。（ぼうふう）

2 □に漢字を書きましょう。

① プールの深さを測（はか）る。
② ストップウォッチで時間を計（はか）る。
③ 有名な演出家（えんしゅつか）。
④ 病院で週刊（しゅうかん）誌を読む。
⑤ 農作物に肥料（ひりょう）をまく。
⑥ 絹（きぬ）の製糸（せいし）工場で働く。
⑦ あやまちをみとめて謝罪（しゃざい）する。
⑧ 暴（あば）れる馬を落ち着かせる。
⑨ この鉱山（こうざん）は文化遺産だ。
⑩ 市長の功績（こうせき）をたたえる。
⑪ 航空（こうくう）会社で働きたい。
⑫ かれはもう十分罪（つみ）をつぐなった。
⑬ 手あらいとうがいで病気を防（ふせ）ぐ。
⑭ 第一志望（しぼう）の高校に入学する。

教科書 84〜85ページ　答え 4ページ

32ページ

練習 ぴったり2

同じ読み方の漢字

1 ——線の漢字の読みがなを書きましょう。

① 時間を計る。（はか）
② 大会に参加する選手の宿舎。（しゅくしゃ）
③ 人の往来がはげしい道。（おうらい）
④ 一糸みだれぬ行進を見る。（いっし）
⑤ ダイヤモンドの鉱石をほる。（こうせき）
⑥ 妹は意志が強い。（いし）
⑦ よく肥えた土地で農業をする。（こ）
⑧ 姉は音楽家を志している。（こころざ）

2 □に漢字を書きましょう。

① 未来を予測（よそく）する。
② 劇（げき）で主役を演（えん）じる。
③ コミックの新刊（しんかん）が発売される。
④ ペットの肥満（ひまん）をふせぐ。
⑤ 製鉄所（せいてつじょ）を見学する。
⑥ 黒毛和牛（わぎゅう）の肉を買う。
⑦ 感謝（かんしゃ）の気持ちを伝える。
⑧ 罪悪感（ざいあくかん）にさいなまれる。
⑨ ロボットの暴走（ぼうそう）を止める。
⑩ 消防車（しょうぼうしゃ）のサイレン。
⑪ 大会ですぐれた成績（せいせき）を残す。
⑫ 男子（だんし）ゴルフの選手。
⑬ 船が港を出航（しゅっこう）する。
⑭ 歴史に残る名演説（えんぜつ）。

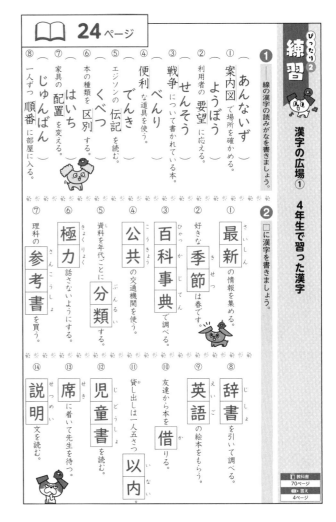

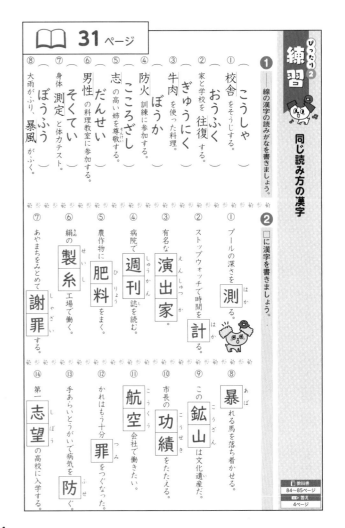

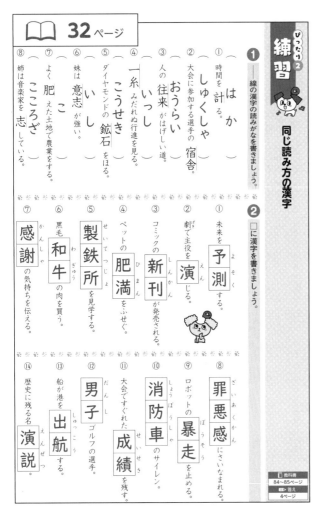

教科書 84〜85ページ　答え 4ページ

33ページ

練習 ぴったり2 同じ読み方の漢字

1 ——線の漢字の読みがなを書きましょう。

① （えきしゃ）鉄道の駅舎を建てかえる。
② （おうろ）目的地への往路を考える。
③ （ちょうかん）新聞の朝刊を読む。
④ （こ）洋服を、たんすの肥やしにしない。
⑤ （ぎゅうほ）牛歩のような足取り。
⑥ （つみ）名乗り出れば罪には問わない。
⑦ （だんじ）小学生男児が好きな遊び。
⑧ （ひだい）予算が肥大化する。

2 □に漢字を書きましょう。

① はかりを使って計測（けいそく）する。
② 五十メートル走のタイムを計（はか）る。
③ ミュージカルの公演（こうえん）が始まる。
④ 父の車は、ドイツ製（せい）だ。
⑤ 習い事の月謝（げっしゃ）をはらう。
⑥ シャンプーをいやがり暴（あば）れるねこ。
⑦ トラブルを予防（よぼう）する。
⑧ 鉄鉱石（てっこうせき）の産出国を調べる。
⑨ 会社の業績（ぎょうせき）が悪化する。
⑩ 志（こころざし）なかばであきらめる。
⑪ 太平洋を航海（こうかい）する船。
⑫ おかしを製造（せいぞう）する工場。
⑬ 暴力（ぼうりょく）は決して許さない。
⑭ 病気やけがを未然に防（ふせ）ぐ。

教科書 84~85ページ 答え 5ページ

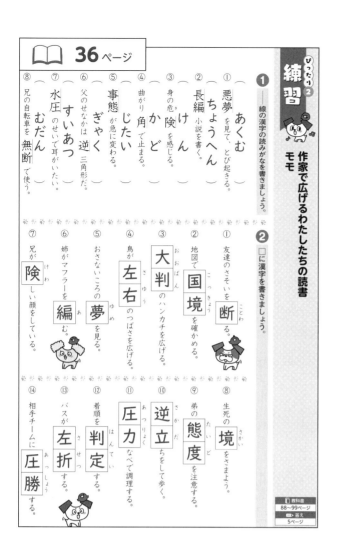

36ページ

練習 ぴったり2 作家で広げるわたしたちの読書 モモ

1 ——線の漢字の読みがなを書きましょう。

① （あくむ）悪夢を見て、とび起きる。
② （ちょうへん）長編小説を書く。
③ （けん）身の危（き）険を感じる。
④ （かど）曲がり角で止まる。
⑤ （じたい）事態が急に変わる。
⑥ （ぎゃく）父のせなかは逆三角形だ。
⑦ （すいあつ）水圧のせいで耳がいたい。
⑧ （むだん）兄の自転車を無断で使う。

2 □に漢字を書きましょう。

① 友達のさそいを断（ことわ）る。
② 地図で国境（こっきょう）を確かめる。
③ 大判（おおばん）のハンカチを広げる。
④ 鳥が左右（さゆう）のつばさを広げる。
⑤ おさないころの夢（ゆめ）を見る。
⑥ 姉がマフラーを編（あ）む。
⑦ 兄が険（けわ）しい顔をしている。
⑧ 生死の境（さかい）をさまよう。
⑨ 弟の態度（たいど）を注意する。
⑩ 逆立（さかだ）ちをして歩く。
⑪ 圧力（あつりょく）なべで調理する。
⑫ 着順を判定（はんてい）する。
⑬ バスが左折（させつ）する。
⑭ 相手チームに圧勝（あっしょう）する。

教科書 88~99ページ 答え 5ページ

37ページ

練習 ぴったり2 作家で広げるわたしたちの読書 モモ

1 ——線の漢字の読みがなを書きましょう。

① （むちゅう）夢中になって遊ぶ。
② （けんあく）けんかをして険悪な様子になる。
③ （かど）角のある言い方をしない。
④ （こばん）ねこに小判、馬の耳に念仏（ぶつ）。
⑤ （けわ）山（さん）ちょうへの道は険しい。
⑥ （ことわ）断りの電話を入れる。
⑦ （さか）兄が親に逆らう。
⑧ （たんぺん）短編小説を読む。

2 □に漢字を書きましょう。

① 本の編集（へんしゅう）にたずさわる。
② 決断（けつだん）をせまられる。
③ 心境（しんきょう）に変化があった。
④ 経えいの実態（じったい）を調べる。
⑤ 逆転（ぎゃくてん）の発想。
⑥ 左官（さかん）職（しょく）人の仕事。
⑦ 高圧的（こうあってき）にせめられる。
⑧ 夢（ゆめ）うらないの本を読む。
⑨ 母は毎朝、妹のかみを編（あ）む。
⑩ となりの家との境（さかい）にさくがある。
⑪ 海鳥の生態（せいたい）を研究する。
⑫ 暗くて、だれか判別（はんべつ）できない。
⑬ 気圧（きあつ）の変化で体調をくずす。
⑭ 万が一に備え、保（ほ）険（けん）をかける。

教科書 88~99ページ 答え 5ページ

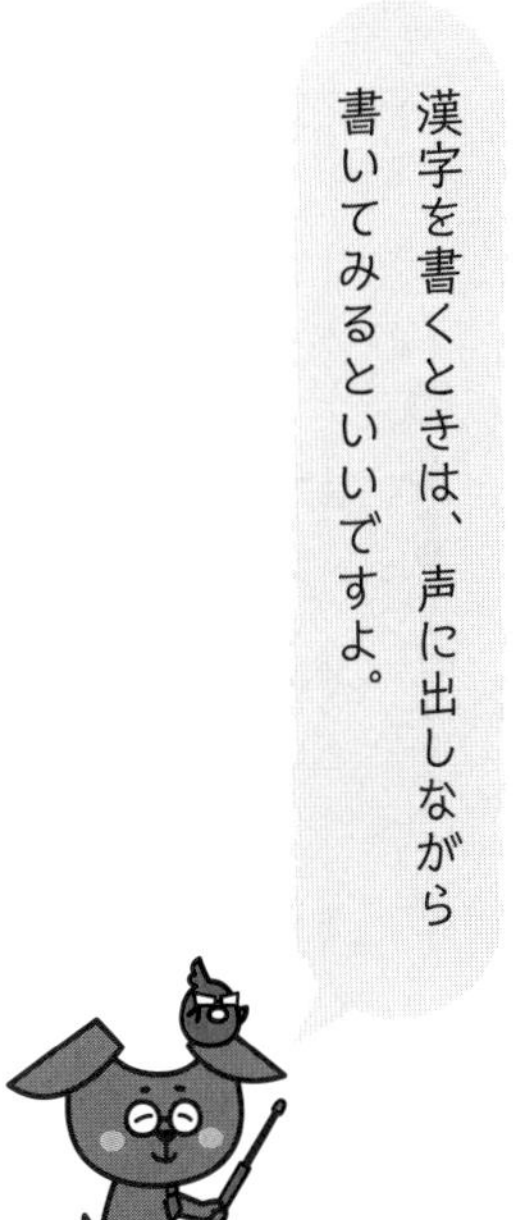

漢字を書くときは、声に出しながら書いてみるといいですよ。

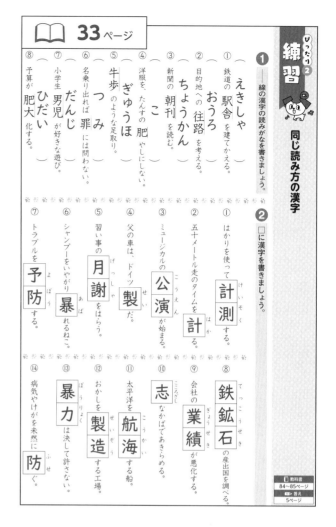

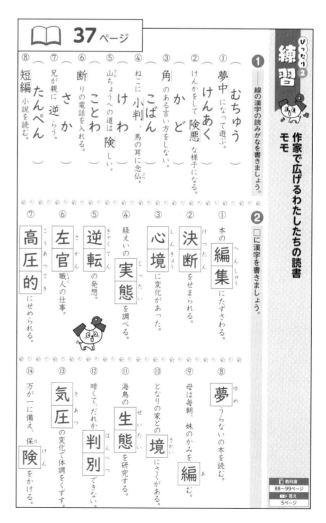

夏のチャレンジテスト①

時間30分 /100 合格80点
教科書 20～99ページ 答え 6ページ

1 ――線の漢字の読みがなを書きましょう。 一つ2点（32点）

① 容器の大きさを測る。（ようき）（はか）
② 標準問題ができたら、次は応用問題だ。（ひょうじゅん）（おうよう）
③ 武士をえがいた本を夢中で読む。（ぶし）（むちゅう）
④ 眼科の医者になることを志す。（がんか）（こころざ）
※④「志す」は送り仮名にも注意しましょう。
⑤ 読解問題を勉強したので、テストが解けた。（どっかい）（と）
⑥ 病気を予防するには清潔さは欠かせない。（よぼう）（せいけつ）
⑦ 適度に休みをとっても構わない。（てきど）（かま）
※⑧「一丸」は、心を一つにして、という意味です。
⑧ チーム一丸で戦い、大会で賞を取った。（いちがん）（しょう）

2 次の意味をもつ熟語を、□の漢字を組み合わせて作りましょう。□には使わない漢字もあります。 一つ2点（4点）

構 行 測 成 予

※①に似た意味の言葉に「予想」があります。
① しょう来のことを、前もっておしはかること。 予測
② 各部分を合わせて全体を組み立てること。 構成

3 次の漢字にはいくつかの読み方があります。――線の漢字の読みがなを書きましょう。 一つ2点（24点）

① 現 現実（げん） 現れる（あらわ）
② 経 経験（けい） 経る（へ）
③ 備 備品（び） 備える（そな）
④ 易 安易（い） 交易（えき） 易しい（やさ）
⑤ 留 留学（りゅう） 留守番（る） 留める（と）
※⑤「留める」は、「クリップで留める。」のように使います。

4 □に漢字を書きましょう。 一つ2点（28点）

※③「直ちに」は、すぐに、という意味です。
① 感謝（かんしゃ）の言葉。
② ミスを修正（しゅうせい）する。
③ 直（ただ）ちに出発する。
④ 面識（めんしき）のない人。
⑤ 想像（そうぞう）がつく。
⑥ 勢力（せいりょく）を強める。
⑦ 使用を許可（きょか）する。
⑧ 丸太（まるた）小屋でくらす。
⑨ 県の西部（せいぶ）にある山。
⑩ 記録を破（やぶ）る。
⑪ 金属（きんぞく）でできた皿。
⑫ 愛犬（あいけん）の写真。
⑬ 海に近い河口（かこう）付近。
⑭ 学習態度（たいど）がよい。

5 例にならって、――線の平がなを、漢字と送りがなに分けて書きましょう。 一つ2点（6点）

※②「修める」、「治める」の使い分けに注意しましょう。
例 デザインをかんがえる。 [考―える]
① 入会をことわる。 [断―る]
② 学問をおさめる。 [修―める]
③ 安全をたしかめる。 [確―かめる]

6 次の□に、上で示した読み方をする漢字を入れて、熟語を完成させましょう。 一つ1点（6点）

① ジョウ ア 表情 イ 病状
② セツ ア 説明 イ 接続
③ ホウ ア 放牧 イ 報告

夏のチャレンジテスト②

時間30分 /100 合格80点
教科書 20～99ページ 答え 6ページ

1 ――線の漢字の読みがなを書きましょう。 一つ2点（30点）

① 祖母がおいしい赤飯をたく。（そぼ）（せきはん）
② 古典の本が図書館にあるか確かめる。（こてん）（たし）
③ 品質にこだわったカバンを製造する。（ひんしつ）（せいぞう）
④ 歴史の勉強をするため、編入試験を受ける。（れきし）（へんにゅう）
⑤ あまりにも非現実的な計画だ。（ひげんじつてき）
⑥ 応接室はとても寒いので、厚着をする。（おうせつしつ）（あつぎ）
⑦ 肥満を解消するため、校舎の周りを走る。（ひまん）（こうしゃ）
⑧ 友達を家に招待するため、昨日から準備した。（しょうたい）（じゅんび）

2 次の意味をもつ熟語を、□の漢字を組み合わせて作りましょう。□には使わない漢字もあります。 一つ2点（4点）

量 留 技 常 適 学

※②「すぐれた技量の持ち主」のように使います。
① 外国に行って勉強すること。 留学
② ある物事を行う能力。うで前のこと。 技量

3 次の熟語と反対の意味をもつ熟語を□に書きましょう。 一つ2点（8点）

※③「往復」という言葉も覚えましょう
例 北極 ↔ 南極
① 単数 ↔ 複数
② 直接 ↔ 間接
③ 復路 ↔ 往路
④ 結果 ↔ 原因

4 □に漢字を書きましょう。 一つ2点（28点）

※①「刊行」は、本を世に出すこと、です。
① 本を刊行（かんこう）する。
② 畑に肥（こ）やしをまく。
③ 笑い声が絶（た）えない。
④ 総理（そうり）大臣が来る。
⑤ 限定（げんてい）のメニュー。
⑥ 木の幹（みき）によりかかる。
⑦ 判断（はんだん）を下す。
⑧ そこに曲がり角（かど）がある。
⑨ 夏が終わりを告（つ）げる。
⑩ 父の教えに逆（さか）らう。
⑪ テレビに出演（しゅつえん）する。
⑫ 知識（ちしき）を深める。
⑬ 学力を調査（ちょうさ）する。
⑭ 鉄の鉱山（こうざん）。

5 次の文から、まちがって使われている漢字をぬき出し、正しい漢字を書きましょう。 一つ5点、両方できて正解（10点）

① 努力により成積が上がる。 ×積 ○績
② 川の長さを計側する。 ×側 ○測
※「測」は「はか-る」とも読みます。

6 次の漢字の部首名と、その部首の画数を漢字で書きましょう。 一つ2点（20点）

	漢字	部首名	部首の画数
例	花	くさかんむり	三
①	桜	きへん	四
②	厚	がんだれ	二
③	喜	くち	三
④	停	にんべん	二
⑤	造	しんにょう	三

※それぞれ部首は次のとおり。①「木」②「厂」③「口」④「亻」⑤「辶」
※⑤は、「しんにゅう」でも正解。

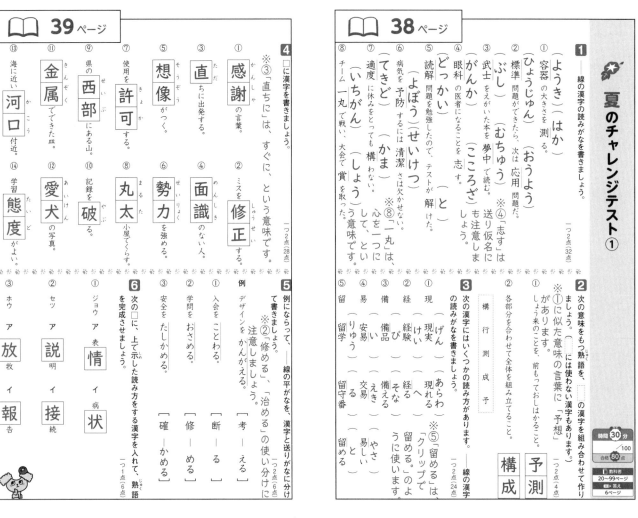

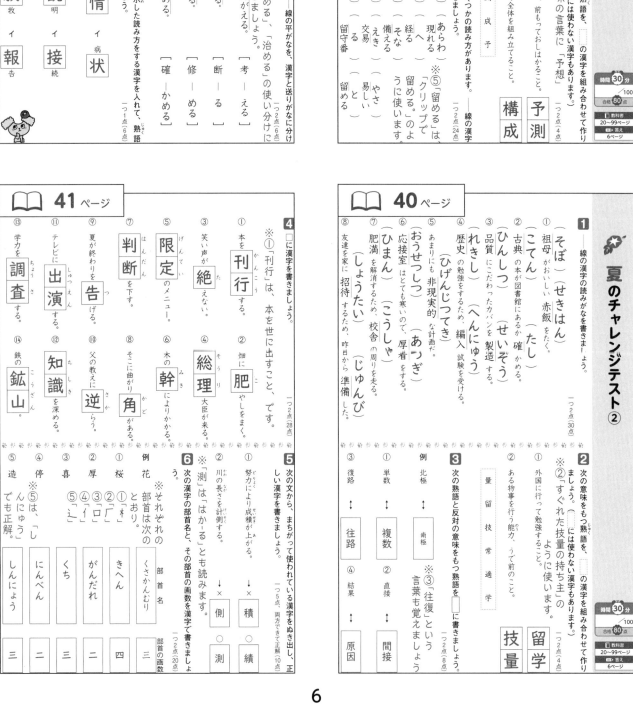

44ページ

練習 ぴったり2

どちらを選びますか／新聞を読もう
文章に説得力をもたせるには

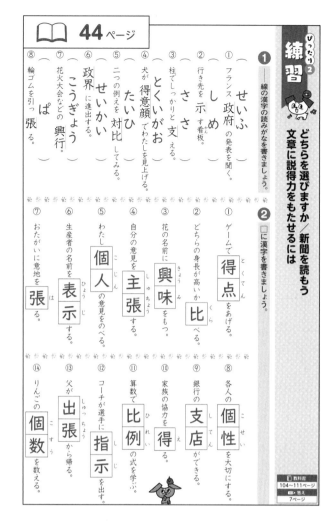

1 ――線の漢字の読みがなを書きましょう。

① フランス政府の発表を聞く。（せいふ）
② 行き先を示す看板。（しめ）
③ 柱でしっかりと支える。（ささ）
④ 犬が得意顔でわたしを見上げる。（とくいがお）
⑤ 二つの例えを対比してみる。（たいひ）
⑥ 政界に進出する。（せいかい）
⑦ 花火大会などの興行。（こうぎょう）
⑧ 輪ゴムを引っ張る。（ぱ）

2 □に漢字を書きましょう。

① ゲームで得点をあげる。
② どちらの身長が高いか比べる。
③ 花の名前に興味をもつ。
④ 自分の意見を主張する。
⑤ わたし個人の意見をのべる。
⑥ 生産者の名前を表示する。
⑦ おたがいに意地を張る。
⑧ 各人の個性を大切にする。
⑨ 銀行の支店ができる。
⑩ 家族の協力を得る。
⑪ 算数で比例の式を学ぶ。
⑫ コーチが選手に指示を出す。
⑬ 父が出張から帰る。
⑭ りんごの個数を数える。

教科書 104～111ページ 答え 7ページ

45ページ

練習 ぴったり2

漢字の広場② 4年生で習った漢字

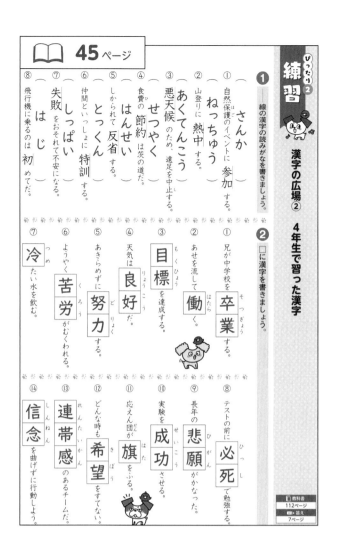

1 ――線の漢字の読みがなを書きましょう。

① 自然保護のイベントに参加する。（さんか）
② 山登りに熱中する。（ねっちゅう）
③ 悪天候のため、遠足を中止する。（あくてんこう）
④ 食費の節約は茨の道だ。（せつやく）
⑤ しかられて反省する。（はんせい）
⑥ 仲間といっしょに特訓する。（とっくん）
⑦ 失敗をおそれて不安になる。（しっぱい）
⑧ 飛行機に乗るのは初めてだ。（はじ）

2 □に漢字を書きましょう。

① 兄が中学校を卒業する。
② あせを流して働く。
③ 目標を達成する。
④ 天気は良好だ。
⑤ あきらめずに努力する。
⑥ ようやく苦労がむくわれる。
⑦ 冷たい水を飲む。
⑧ テストの前に必死で勉強する。
⑨ 長年の悲願がかなった。
⑩ 実験を成功させる。
⑪ 応えん団が旗をふる。
⑫ どんな時も希望をすてない。
⑬ 連帯感のあるチームだ。
⑭ 信念を曲げずに行動しよう。

教科書 112ページ 答え 7ページ

48ページ

練習 ぴったり2

たずねびと

1 ――線の漢字の読みがなを書きましょう。

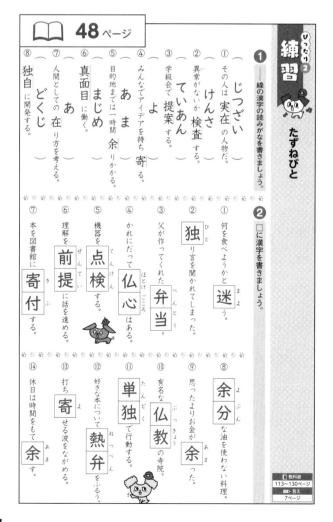

① その人は実在の人物だ。（じつざい）
② 異常がないか検査する。（けんさ）
③ 学級会で提案する。（ていあん）
④ みんなでアイデアを持ち寄る。（よ）
⑤ 目的地までは一時間余りかかる。（あま）
⑥ 真面目に働く。（まじめ）
⑦ 人間としての在り方を考える。（あ）
⑧ 独自に開発する。（どくじ）

2 □に漢字を書きましょう。

① 何を食べようかと迷う。
② 独り言を聞かれてしまった。
③ 父が作ってくれた弁当。
④ かれにだって仏心はある。
⑤ 機器を点検する。
⑥ 理解を前提に話を進める。
⑦ 本を図書館に寄付する。
⑧ 余分な油を使わない料理。
⑨ 思ったよりお金が余った。
⑩ 有名な仏教の寺院。
⑪ 単独で行動する。
⑫ 好きな本について熱弁をふるう。
⑬ 打ち寄せる波をながめる。
⑭ 休日は時間をもて余す。

教科書 113～130ページ 答え 7ページ

49ページ

練習 ぴったり2

漢字の広場③ 4年生で習った漢字

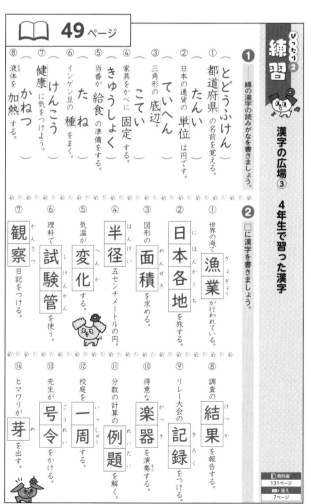

1 ――線の漢字の読みがなを書きましょう。

① 都道府県の名前を覚える。（とどうふけん）
② 日本の通貨の単位は円です。（たんい）
③ 三角形の底辺。（ていへん）
④ 家具をかべに固定する。（こてい）
⑤ 当番が給食の準備をする。（きゅうしょく）
⑥ インゲン豆の種をまく。（たね）
⑦ 健康に気をつけよう。（けんこう）
⑧ 液体を加熱する。（かねつ）

2 □に漢字を書きましょう。

① 世界の海で漁業が行われている。
② 日本各地を旅する。
③ 図形の面積を求める。
④ 半径五センチメートルの円。
⑤ 気温が変化する。
⑥ 理科で試験管を使う。
⑦ 観察日記をつける。
⑧ 調査の結果を報告する。
⑨ リレー大会の記録をつける。
⑩ 得意な楽器を演奏する。
⑪ 分数の計算の例題を解く。
⑫ 校庭を一周する。
⑬ 先生が号令をかける。
⑭ ヒマワリが芽を出す。

教科書 131ページ 答え 7ページ

52ページ

練習 ぴったり2

方言と共通語 / よりよい学校生活のために

1 ――線の漢字の読みがなを書きましょう。

① 図や写真を効果的に使う。（こうかてき）
② 急ぎの用件を伝える。（ようけん）
③ やる気を保つ。（たも）
④ 作品が高い評価を受ける。（ひょうか）
⑤ 友達の意見に賛成する。（さんせい）
⑥ 犬の品評会に参加する。（ひんぴょうかい）
⑦ 病気の特効薬が開発される。（とっこうやく）
⑧ 物件情報のちらしを見る。（ぶっけん）

2 □に漢字を書きましょう。

① 父にうで時計を［貸］してもらう。
② 憲法の［条文］を暗記する。
③ かぜ薬が［効］く。
④ 荷物をロッカーに［保管］する。
⑤ 当選が［無効］になる。
⑥ 市の［条例］を守る。
⑦ ［事件］を伝えるニュースを見る。
⑧ ［高価］なメロンをもらう。
⑨ 映画の内容を［絶賛］する。
⑩ 図書館の本の［貸］し出しルール。
⑪ 動物に関する国際［条約］。
⑫ 学校の［保健］委員の活動。
⑬ その品は［好評］につき完売した。
⑭ 姉はよく、自画［自賛］する。

教科書 132～141ページ　答え 8ページ

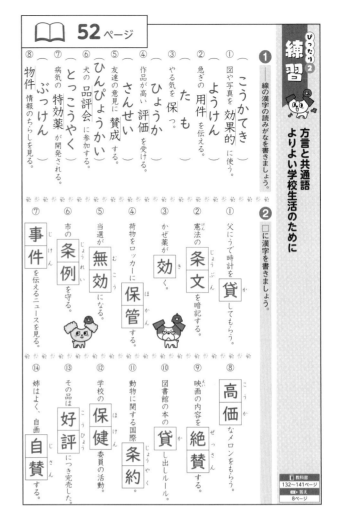

55ページ

練習 ぴったり2

浦島太郎「御伽草子」より / 和語・漢語・外来語

1 ――線の漢字の読みがなを書きましょう。

① わたしの妻はアメリカ人だ。（つま）
② 朝は電車が混雑する。（こんざつ）
③ 兄とこん虫採集に行く。（さいしゅう）
④ 雨でお祭りが中止になる。（ちゅうし）
⑤ 通行が可能になる。（かのう）
⑥ 大きなまどから明かりを採る。（と）
⑦ 魚を生で食べる。（なま）
⑧ 雑木林で生き物を観察する。（ぞうきばやし）

2 □に漢字を書きましょう。

① 事故のために道路が［混］む。
② 学校までの道を［略図］で示す。
③ ［生物］で食あたりを起こす。
④ アユづりが［解禁］になる。
⑤ 祖母はおだやかな［女性］だ。
⑥ ［妻子］を連れて帰省する。
⑦ 海の水と川の水が［混］ざる場所。
⑧ 本を［雑］にあつかってはいけない。
⑨ ［略］した言葉を使う。
⑩ 油断は［禁物］だ。
⑪ ［男女］混合リレーに出場する。
⑫ あの人は［能力］の高い人だ。
⑬ 赤信号で車が［停止］する。
⑭ いろいろな音が［混］じる。

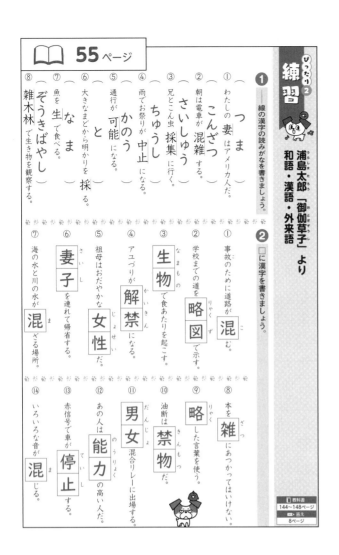

教科書 144～148ページ　答え 8ページ

59ページ

練習 ぴったり2

固有種が教えてくれること / 自然環境を守るために

1 ――線の漢字の読みがなを書きましょう。

① 病気がある程度治る。（ていど）
② 昔に比べて、今は豊かだ。（ゆた）
③ 森林の生態系を調べる。（しんりん）
④ 村の人口が減少する。（げんしょう）
⑤ 証人として発言する。（しょうにん）
⑥ 責任をもって仕事をする。（せきにん）
⑦ 日本の伝統文化について知る。（でんとうぶんか）
⑧ 特設コーナーに本を展示する。（とくせつ）

2 □に漢字を書きましょう。

① 特急電車が［通過］する。
② 日本には火山が多く［分布］する。
③ ［保護者］会のお知らせ。
④ 鳥が［再］び庭に飛来した。
⑤ 都市の人口が［増加］する。
⑥ 水そうに［酸素］を送る。
⑦ ［豊作］を願う祭り。
⑧ エプロンの［布地］を選ぶ。
⑨ 川の水かさが［減］る。
⑩ ［再］来週は海に行く予定だ。
⑪ 合宿に参加して友人が［増］えた。
⑫ 失敗を［責］められてもしかたない。
⑬ 大使に［任命］される。
⑭ 話し合いの場を［設］ける。

教科書 149～164ページ　答え 8ページ

60ページ

練習 ぴったり2

固有種が教えてくれること / 自然環境を守るために

1 ――線の漢字の読みがなを書きましょう。

① プリントの配布を手伝う。（はいふ）
② 負けても再び立ち上がる。（ふたた）
③ 兄が証明写真をとる。（しょうめい）
④ 児童会長の重責をになう。（じゅうせき）
⑤ 新任の先生が受け持つクラス。（しんにん）
⑥ デザインを統一する。（とういつ）
⑦ このみかんは酸味が強い。（さんみ）
⑧ 季節が過ぎていく。（す）

2 □に漢字を書きましょう。

① ［過去］の話を聞く。
② 正しい［音程］で歌う。
③ 心の［豊］かさを育む。
④ テストで一問［減点］される。
⑤ 動物［愛護］団体の活動。
⑥ 観光客が［急増］する。
⑦ ［素材］を生かした料理。
⑧ 大きな橋を［設計］する。
⑨ 休日はのんびり［過］ごす。
⑩ 父は［豊漁］を願い、海へ出る。
⑪ こわれた家屋を［再建］する。
⑫ 祭りの参加者は年々［増］している。
⑬ 自分を［責］めるのはやめる。
⑭ 新しい仕事を［任］される。

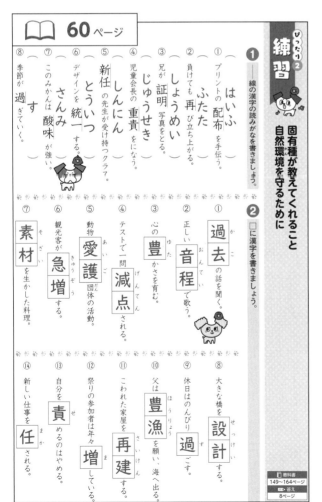

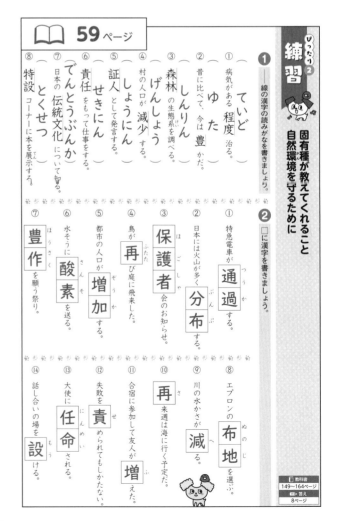

教科書 149～164ページ　答え 8ページ

64ページ

練習 ぴったり2　カンジー博士の暗号解読

1 ——線の漢字の読みがなを書きましょう。

① 作家の紀行文を読む。（きこうぶん）
② 子ども会を組織する。（そしき）
③ 有名な建築家の建てた家。（けんちく）
④ 旧式のストーブを使う。（きゅうしき）
⑤ 貯水池を見学する。（ちょすいち）
⑥ 血液検査をする。（けつえき）
⑦ 母から借りた金額は千円です。（きんがく）
⑧ かれは鉄道博士だ。（はかせ）

2 □に漢字を書きましょう。

① 大学教授の話を聞く。
② 夏は海の事故が多い。
③ 日本の財政の現状を知る。
④ 険しい山脈が走る。
⑤ 規則正しく生活する。
⑥ 新型ゲーム機の開発を始める。
⑦ ひみつ基地を作る。
⑧ 今は二十一世紀だ。
⑨ もめん織りがさかんな町。
⑩ 六年間で友情を築く。
⑪ メンバーが新規に加わる。
⑫ 相手チームの反則負けだ。
⑬ 空手の型を覚える。
⑭ ねこの額ほどの庭しかない。

教科書 166～167ページ　答え 9ページ

65ページ

練習 ぴったり2　カンジー博士の暗号解読

1 ——線の漢字の読みがなを書きましょう。

① 授業中は静かにする。（じゅぎょうちゅう）
② 化合物の組成を調べる。（そせい）
③ 校則を守る。（こうそく）
④ 遊びで兄に故意にぶつかる。（こい）
⑤ 機械で布を織る。（お）
⑥ 絵を額に入れてかざる。（がく）
⑦ 定規を使って、線を引く。（じょうぎ）
⑧ お金の授受はしない。（じゅじゅ）

2 □に漢字を書きましょう。

① 紀元前の歴史を学ぶ。
② 財産を増やす。
③ 手首で脈を測る。
④ 築十年の建物。
⑤ 新旧の地図を見比べる。
⑥ 図書館の利用規定。
⑦ こつこつとためた貯金を使う。
⑧ 大型犬と遊ぶ。
⑨ 氷がとけて、液体になる。
⑩ 料理の基本を学ぶ。
⑪ とても高額な商品。
⑫ 武士によって築かれた城。
⑬ 型破りな新人。
⑭ 熱が出たので額を冷やす。

教科書 166～167ページ　答え 9ページ

66ページ

練習 ぴったり2　漢字の広場④　4年生で習った漢字

1 ——線の漢字の読みがなを書きましょう。

① 埼玉県は人形作りがさかんだ。（さいたま）
② 栃木県にある日光東照宮。（とちぎ）
③ 家族で茨城県の大洗海岸に行く。（いばらき）
④ 米作りがさかんな新潟県。（にいがた）
⑤ 富山県の和紙は美しい。（とやま）
⑥ 世界遺産の岐阜県白川郷。（ぎふ）
⑦ 琵琶湖を調査しに滋賀県へ向かう。（しが）
⑧ いよかんは愛媛県の名産だ。（えひめ）

2 □に漢字を書きましょう。

① 熊本県で城を見学する。
② 宮城県の七夕祭り。
③ 群馬県でこんにゃくを買う。
④ 福井県の温泉宿にとまる。
⑤ 果樹さいばいがさかんな山梨県。
⑥ 静岡県の茶畑の風景。
⑦ 自動車産業が有名な愛知県。
⑧ 大阪府の人口を調べる。
⑨ 南北の海に接する兵庫県。
⑩ 奈良県の寺社をめぐる。
⑪ うずしおを見に徳島県に行く。
⑫ 福岡県名物のめんたいこ。
⑬ 長崎県には多くの島がある。
⑭ 沖縄県の歴史を学ぶ。

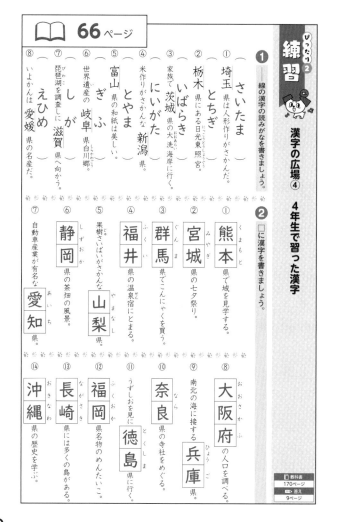

教科書 170ページ　答え 9ページ

70ページ

練習 ぴったり2　やなせたかし―アンパンマンの勇気／あなたは、どう考える

1 ——線の漢字の読みがなを書きましょう。

① 本名を名乗る。（ほんみょう）
② 婦人服売り場は五階です。（ふじんふく）
③ 友人を救うのは当然のことだ。（すく）
④ 職員室に用がある。（しょくいんしつ）
⑤ お墓のそうじをする。（はか）
⑥ 参加することに意義がある。（いぎ）
⑦ 父は貧しい少年時代を送った。（まず）
⑧ 仮にも成功できたらうれしい。（かり）

2 □に漢字を書きましょう。

① 中学生の兄は体格がよい。
② 会場までバスで移動する。
③ 声を殺して泣く。
④ 自分の本を出版する。
⑤ 後の時代まで語りつがれる。
⑥ 会議で意見を述べる。
⑦ パン職人の仕事。

⑧ 救助犬の働きを知る。
⑨ おかしを皿に移す。
⑩ 夜の墓地は静かだ。
⑪ 貧乏でも、心は豊かでありたい。
⑫ 版画作品を制作する。
⑬ 問題文の述語に線を引く。
⑭ 仮説を立てて、確かめる。

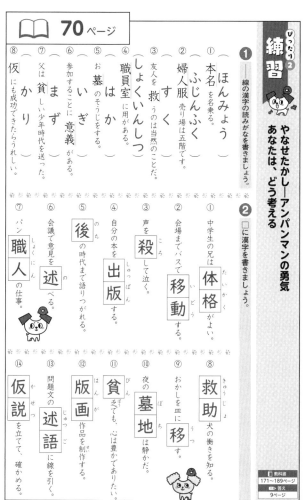

教科書 171～189ページ　答え 9ページ

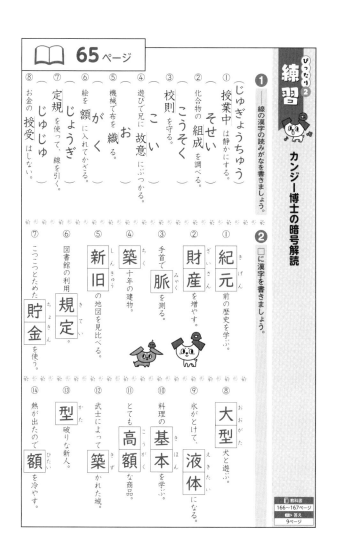

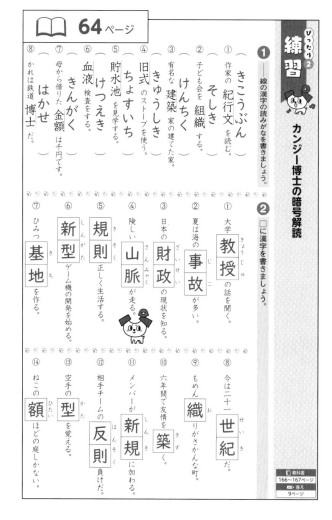

ぴったり2 練習

やなせたかし—アンパンマンの勇気／あなたは、どう考える

教科書 171〜189ページ　答え 10ページ

1 ——線の漢字の読みがなを書きましょう。

① 新しい制度に移行する。（いこう）
② 実力主義の会社につとめる。（しゅぎ）
③ 絶版になった古い本をさがす。（ぜっぱん）
④ 映画の感想を述べる。（の）
⑤ 迷いこんだクジラを救出する。（きゅうしゅつ）
⑥ 殺風景な部屋だ。（さっぷうけい）
⑦ 記述式の問題に取り組む。（きじゅつ）
⑧ おにの仮面を作る。（かめん）

2 □に漢字を書きましょう。

① 大名（だいみょう）行列を再現した祭り。
② 主婦（しゅふ）の一日の仕事。
③ ヒーローが地球を救（すく）う物語。
④ 試験に合格（ごうかく）する。
⑤ 職業（しょくぎょう）体験のプログラム。
⑥ ペットの墓（はか）を建てる。
⑦ 息を殺（ころ）してかくれる。
⑧ 心の貧（まず）しい人にはならない。
⑨ 仮（かり）の題名を付ける。
⑩ 商品が適正な価格（かかく）になる。
⑪ となりの席に移（うつ）る。
⑫ 類義語（るいぎご）を調べる。
⑬ 墓前（ぼぜん）で手を合わせ、いのる。
⑭ 失敗した場合を仮定（かてい）する。

冬のチャレンジテスト①

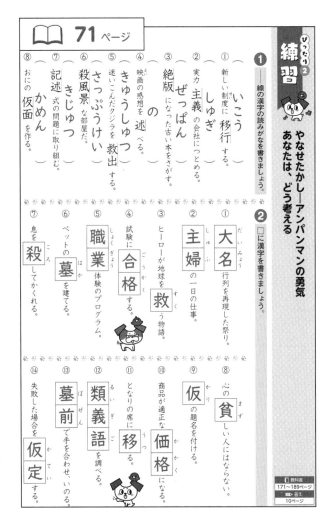

時間30分　/100　合格80点
教科書 104〜189ページ　答え 10ページ

1 ——線の漢字の読みがなを書きましょう。　一つ2点（34点）

① 妻はこの町にある支店で働いている。（つま）（してん）
② 豊かでりっぱな森林の一帯に分布する野鳥。（ゆた）（しんりん）（ぶんぷ）
③ お天気博士が台風の進路について熱弁をふるう。（はかせ）（ねつべん）
④ 採ることが禁止されている虫。（と）（きんし）
※④ここでの「採る」は、虫などをつかまえる、という意味です。
⑤ 余ったお金は全て貯金する。（あま）（ちょきん）
⑥ 過去に行われた検査について調べる。（かこ）（けんさ）
⑦ 責任の所在を明確に示す。（せきにん）（しめ）
⑧ 母は、真面目でしっかり者の女性だ。（まじめ）（じょせい）

2 三つの□に共通して入る漢字を書きましょう。　一つ2点（10点）

※③のみここでは「ブツ」「ほとけ」の二通りの読み方をします。

① 定□　高□　評□ → 価
② □文　□件　信□ → 条
③ 大□　□像　□様 → 仏
④ □持　□管　□健 → 保
⑤ □度　音□　過□ → 程

3 次の漢字にはいくつかの読み方があります。——線の漢字の読みがなを書きましょう。　一つ2点（14点）

① 寄宿（き）　寄る（よ）
② 独自（どく）　独り（ひと）
③ 混雑（こん）　混ぜる（ま）　混む（こ）
※③「混ぜる」「混む」は、送りがながちがうことから考えます。

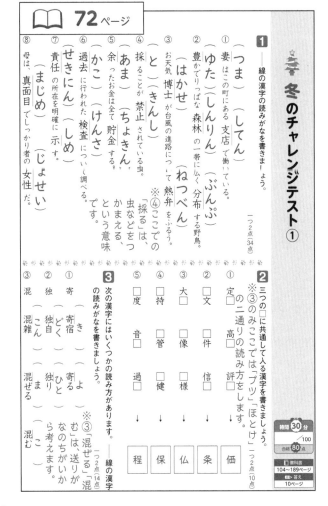

4 □に漢字を書きましょう。　一つ2点（28点）

※⑤「比」は、四画で書きます。

① 温度を一定に保（たも）つ。
② 新しい条約（じょうやく）。
③ どれにするか迷（まよ）う。
④ 母の職場（しょくば）に行く。
⑤ 二つを比（くら）べる。
⑥ 興味（きょうみ）深い話。
⑦ 政令（せいれい）指定都市
⑧ 酸素（さんそ）を作る実験。
⑨ 地方に出張（しゅっちょう）する。
⑩ 規則（きそく）を守る。
⑪ 学校の組織（そしき）。
⑫ 家を設計（せっけい）する。
⑬ 価格（かかく）の高い商品。
⑭ 教授（きょうじゅ）になる。

5 次の漢字の部首名と、その部首の画数を漢字で書きましょう。　一つ1点（14点）

※それぞれの部首は次のとおり。
①「氵」②「犭」③「力」④「土」⑤「隹」⑥「女」⑦「貝」

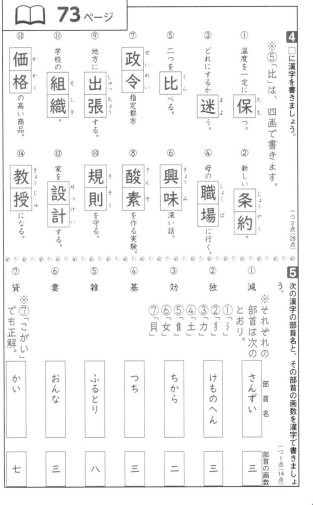

	漢字	部首名	部首の画数
①	減	さんずい	三
②	独	けものへん	三
③	効	ちから	二
④	基	つち	三
⑤	雑	ふるとり	八
⑥	妻	おんな	三
⑦	貸	かい	七

※⑦「こがい」でも正解。

74ページ

冬のチャレンジテスト②

時間30分　合格80点　/100

教科書104～189ページ　答え11ページ

1 ――線の漢字の読みがなを書きましょう。　一つ2点（38点）

① （ほおん）（べんとう）保温できる容器に弁当をつめる。
② （じょうけん）（とうけい）条件を付けて、人口の移り変わりの統計をとる。
③ （こうてい）（しょうりゃく）（さいよう）作業工程をかなり省略する案を採用した。
④ （しんぷ）（かくちょう）新婦が式の間に、格調高いドレスに着がえる。
⑤ （ぞうすい）（かせつ）（じこ）川が増水したため、仮設の橋で事故が起きた。
⑥ （しんがた）（きのう）（の）新型の車に加わった機能について述べる。
⑦ （げんしょう）（けん）赤字が減少した件を報告した。
⑧ （さっぷうけい）（はか）殺風景な土地にある墓に花をそなえる。

2 次の漢字にはいくつかの読み方があります。――線の漢字の読みがなを書きましょう。　一つ1点（17点）

① 支　（し）支給　（ささ）支える
② 貧　（びん）貧ぼう　（まず）貧しい
③ 織　（しき）組織　（お）織る
④ 効　（こう）効力　（き）効く
⑤ 額　（がく）金額　（ひたい）ねこの額
⑥ 得　（とく）得点　（え）得る
⑦ 在　（ざい）現在　（あ）在る
⑧ 再　（さ）再来月　（さい）再起　（ふたた）再び始める

※④「効く」は、効果や働きなどがあらわれる、という意味です。
※⑤「ねこの額」は場所がせまいことのたとえです。
※⑥中学で学習しますが、「得る」は「うる」という読みもあります。

75ページ

3 □に漢字を書きましょう。　一つ2点（30点）

① 本名を明かす。
② 建築家になる。
③ 木版画を刷る。
④ 好意的な評価。
⑤ 新旧入りみだれる。
⑥ 原則として禁止だ。
⑦ 失敗を責められる。
⑧ 本が出版される。
⑨ 賛成の立場。
⑩ 国の文化財。
⑪ 液体をこぼす。
⑫ 銀行に貯金する。
⑬ 学生証を提示して授業を受ける。

※⑤「新旧」は、新しいものと古いもの、の意味です。

4 次の文から、まちがって使われている漢字をぬき出し、正しい漢字を書きましょう。　一つ3点、両方できて正解（15点）

※すべて同じ部分を持つ漢字です。

例 上下間係がきびしい会社。　→×間　○関
① 空港で身体験査をされる。　→×験　○検
② 正治家を目指して勉強する。　→×正　○政
※「正解」「正確」のように使います。
③ 未来への可態性が広がる。　→×態　○能
※「態度」「形態」のように使います。
④ 一人ひとりの固性を重んじる。　→×固　○個
※「固定」「強固」のように使います。
⑤ 工場の積任者が解説する。　→×積　○責

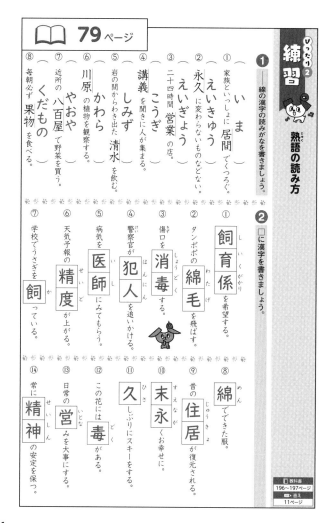

79ページ

ぴったり練習2　熟語の読み方

1 ――線の漢字の読みがなを書きましょう。

① （いま）家族といっしょに居間でくつろぐ。
② （えいきゅう）永久に変わらないものなどない。
③ （えいぎょう）二十四時間営業の店。
④ （こうぎ）講義を聞きに人が集まる。
⑤ （しみず）岩の間からわき出た清水を飲む。
⑥ （かわら）川原の植物を観察する。
⑦ （やおや）近所の八百屋で野菜を買う。
⑧ （くだもの）毎朝必ず果物を食べる。

2 □に漢字を書きましょう。

① 飼育係を希望する。
② タンポポの綿毛を飛ばす。
③ 傷口を消毒する。
④ 警察官が犯人を追いかける。
⑤ 病気を医師にみてもらう。
⑥ 天気予報の精度が上がる。
⑦ 学校でうさぎを飼っている。
⑧ 綿でできた服。
⑨ 昔の住居が復元される。
⑩ 末永くお幸せに。
⑪ 久しぶりにスキーをする。
⑫ この花には毒がある。
⑬ 日常の営みを大事にする。
⑭ 常に精神の安定を保つ。

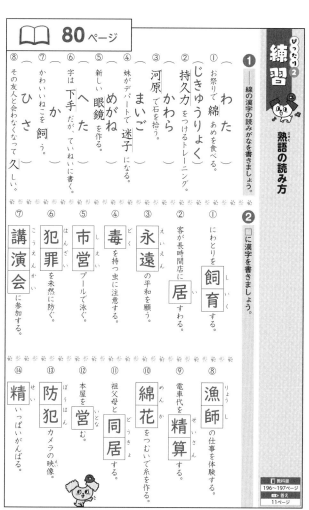

教科書196～197ページ　答え11ページ

80ページ

ぴったり練習2　熟語の読み方

1 ――線の漢字の読みがなを書きましょう。

① （わた）お祭りで綿あめを食べる。
② （じきゅうりょく）持久力をつけるトレーニング。
③ （かわら）河原で石を拾う。
④ （まいご）妹がデパートで迷子になる。
⑤ （めがね）新しい眼鏡を作る。
⑥ （へた）字は下手だが、ていねいに書く。
⑦ （か）かわいいねこを飼う。
⑧ （ひさ）その友人と会わなくなって久しい。

2 □に漢字を書きましょう。

① にわとりを飼育する。
② 客が長時間店に居すわる。
③ 永遠の平和を願う。
④ 毒を持つ虫に注意する。
⑤ 市営プールで泳ぐ。
⑥ 犯罪を未然に防ぐ。
⑦ 講演会に参加する。
⑧ 漁師の仕事を体験する。
⑨ 電車代を精算する。
⑩ 綿花をつむいで糸を作る。
⑪ 祖父母と同居する。
⑫ 本屋を営む。
⑬ 防犯カメラの映像。
⑭ 精いっぱいがんばる。

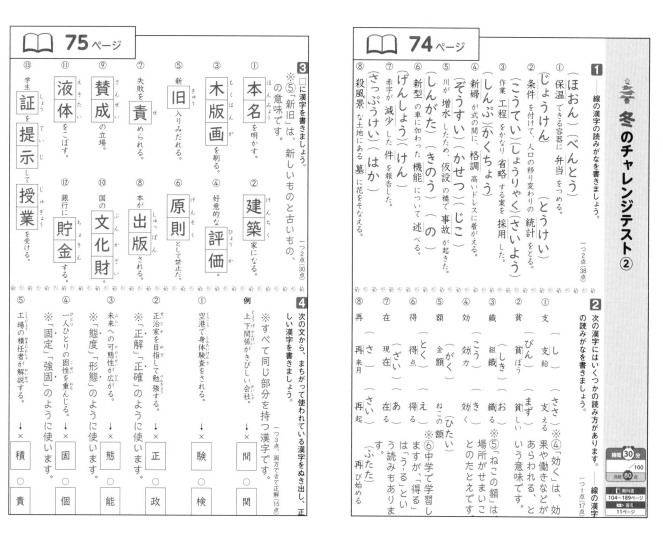

教科書196～197ページ　答え11ページ

81ページ

練習 ぴったり2

漢字の広場⑤ 4年生で習った漢字

1 ——線の漢字の読みがなを書きましょう。

① 夜になり、街灯がつく。（がいとう）
② 山の中の清流で遊ぶ。（せいりゅう）
③ 近所の衣料品のお店。（いりょうひん）
④ 松の木がたくさんある公園。（まつ）
⑤ 高い建物がならんでいる。（たてもの）
⑥ 妹は、わたしより身長が低い。（ひく）
⑦ 百貨店で母と買い物をする。（ひゃっかてん）
⑧ 駅まで徒歩で向かう。（とほ）

2 □に漢字を書きましょう。

① 浅（あさ）い川で遊ぶ。
② 道の両側（りょうがわ）に木を植える。
③ 野菜畑（やさいばたけ）で草をかる。
④ 交差点（こうさてん）で車を止める。
⑤ 牧場（ぼくじょう）で馬に乗る。
⑥ 目的地（もくてきち）まで車で行く。
⑦ 小屋の付近（ふきん）に羊がいる。
⑧ 木材（もくざい）を集める。
⑨ 倉庫（そうこ）にかぎをかける。
⑩ 市内に博物館（はくぶつかん）がある。
⑪ 駅の改札（かいさつ）を出る。
⑫ 陸上競技場（りくじょうきょうぎじょう）
⑬ 伝統的な民家（みんか）。
⑭ 信号で右折（うせつ）する。

教科書 198ページ
答え 12ページ

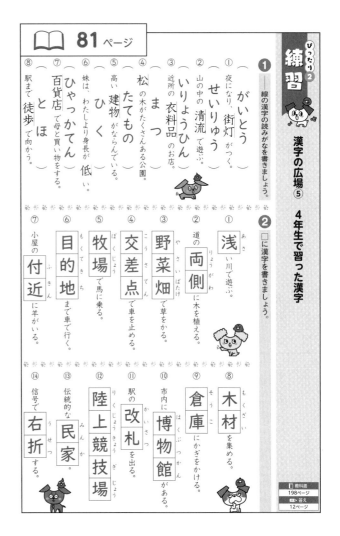

83ページ

練習 ぴったり2

想像力のスイッチを入れよう

1 ——線の漢字の読みがなを書きましょう。

① 周囲にさくを張りめぐらせる。（しゅうい）
② 一人で電車に乗るのは慣れている。（な）
③ とても有益な話だった。（ゆうえき）
④ プールに入る前に、体を水に慣らす。（な）
⑤ 増益した会社を発表する。（ぞうえき）
⑥ 台風などの天災に見まわれる。（てんさい）
⑦ 慣例にとらわれない発想。（かんれい）
⑧ キャンプで火を囲む。（かこ）

2 □に漢字を書きましょう。

① 慣用的（かんようてき）な表現を用いる。
② 不利益（ふりえき）をこうむる。
③ 自然災害（さいがい）について学ぶ。
④ 池を囲（かこ）うように木を植える。
⑤ 住み慣（な）れた町をはなれる。
⑥ 丸で囲（かこ）まれた言葉。
⑦ ツバメは益鳥（えきちょう）だ。
⑧ 工場で火災（かさい）が起こる。
⑨ 早起きを習慣（しゅうかん）にする。
⑩ 犯人を包囲（ほうい）する。
⑪ ミツバチは益虫（えきちゅう）だ。
⑫ 人災（じんさい）を防ぐ取り組み。
⑬ 試合の前に体を慣（な）らす。
⑭ 新聞の囲（かこ）み記事を読む。

教科書 199～210ページ
答え 12ページ

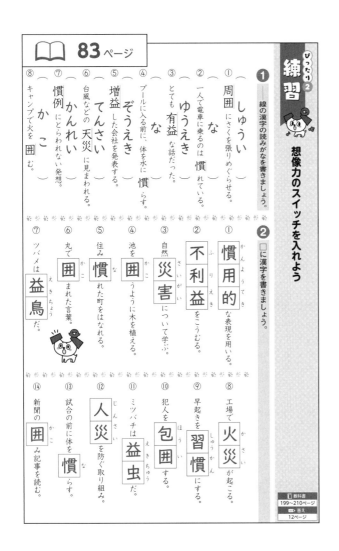

88ページ

練習 ぴったり2

複合語 / 大造じいさんとガン

1 ——線の漢字の読みがなを書きましょう。

① 魚市場で朝ごはんを食べる。（うおいちば）
② 昨日見た夢が正夢になる。（まさゆめ）
③ 木の枝をむやみに折ってはいけない。（えだ）
④ 人工衛星を打ち上げる。（じんこうえいせい）
⑤ お寺の本堂を見学する。（ほんどう）
⑥ 角笛の歴史は古い。（つのぶえ）
⑦ 先生が子どもを率いて歩く。（ひき）
⑧ サルの頭領がえさを独りじめする。（とうりょう）

2 □に漢字を書きましょう。

① よび止められて歩（あゆ）みを止める。
② 消費税（しょうひぜい）を計算する。
③ 赤組が先制点（せんせいてん）を取る。
④ 目の前に農耕（のうこう）地帯が広がる。
⑤ 大きな損害（そんがい）を受ける。
⑥ 粉（こな）ミルクを薬局で買う。
⑦ 五年生の平均（へいきん）身長を調べる。
⑧ 原油を輸送（ゆそう）する。
⑨ 団体（だんたい）の旅行客をもてなす。
⑩ 事務（じむ）の仕事をする。
⑪ 世界一周の船旅（ふなたび）に出る。
⑫ 部屋を快適（かいてき）な温度に保つ。
⑬ 明日は燃（も）えるゴミの日だ。
⑭ コーチに指導（しどう）してもらう。

教科書 211～248ページ
答え 12ページ

89ページ

練習 ぴったり2

複合語 / 大造じいさんとガン

1 ——線の漢字の読みがなを書きましょう。

① 堂々としたすがたに感心する。（どうどう）
② 牛の歩みのようにおそい。（あゆ）
③ あれた土地を耕す。（たがや）
④ ぼくに主役が務まるか心配だ。（つと）
⑤ 快いすずの音が聞こえる。（こころよ）
⑥ ガイドに導かれて山に登る。（みちび）
⑦ 税金の種類を学ぶ。（ぜいきん）
⑧ 身を粉にして働く。（こ）

2 □に漢字を書きましょう。

① 今月は出費（しゅっぴ）が少ない。
② 交通を規制（きせい）する。
③ 衛生（えいせい）管理に気をつける。
④ 屋根が破損（はそん）している。
⑤ ミツバチが花粉（かふん）を集める。
⑥ おかしを均等（きんとう）に分ける。
⑦ 日本の主な輸入（ゆにゅう）品を調べる。
⑧ クラスで団結（だんけつ）する。
⑨ ろうそくを燃（も）やす。
⑩ けんび鏡の倍率（ばいりつ）を上げる。
⑪ 大統領（だいとうりょう）選挙の年。
⑫ 食堂（しょくどう）で定食を食べる。
⑬ まるで水を得た魚（うお）のようだ。
⑭ 正（まさ）しくそれは本物だ。

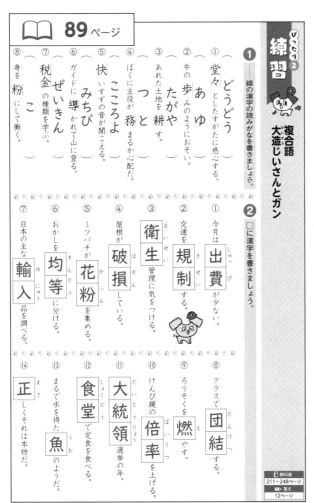

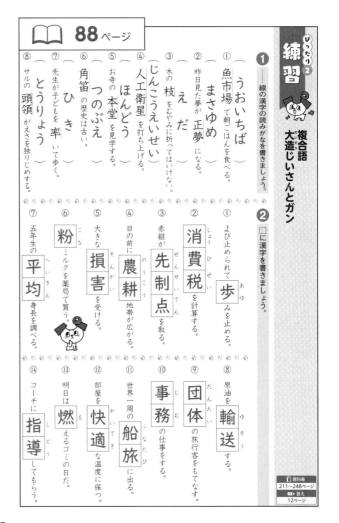

教科書 211～248ページ
答え 12ページ

90ページ

ぴったり2 練習　複合語 大造じいさんとガン

1 ――線の漢字の読みがなを書きましょう。

① 休耕（きゅうこう）田の草をかる。
② 損益（そんえき）を計算する。
③ 正（まさ）にかれの言う通りだ。
④ 粉雪（こなゆき）がまう季節。
⑤ 均整（きんせい）のとれた体型。
⑥ 船乗（ふなの）りを目指して勉強する。
⑦ 可燃性（かねんせい）のガスを使う実験。
⑧ 軽快（けいかい）なリズムの音楽が流れる。

2 □に漢字を書きましょう。

① 枝豆（えだまめ）をゆでる。
② サークルの会費（かいひ）をはらう。
③ 中学校の制服（せいふく）にあこがれる。
④ 自衛隊（じえいたい）のヘリコプター。
⑤ 自動車を輸出（ゆしゅつ）する。
⑥ 野球部でキャプテンを務（つと）める。
⑦ 長い角（つの）を持つ動物。
⑧ チームを率（ひき）いるリーダー。
⑨ 要領（ようりょう）よく仕事をこなす。
⑩ 新方式を導入（どうにゅう）する。
⑪ 講堂（こうどう）で集会をする。
⑫ 父は税理士（ぜいりし）だ。
⑬ 祖国を防衛（ぼうえい）する。
⑭ 集団（しゅうだん）行動で大切なこと。

教科書 211～248ページ　答え 13ページ

91ページ

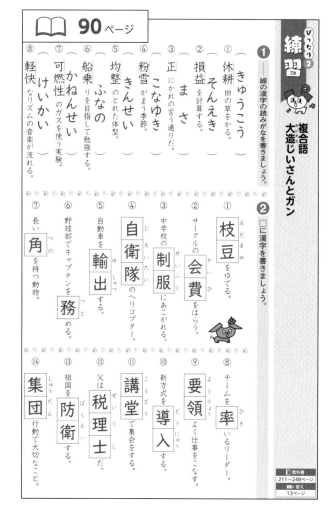

ぴったり2 練習　漢字の広場⑥ 4年生で習った漢字

1 ――線の漢字の読みがなを書きましょう。

① 国会議員（こっかいぎいん）にインタビューをする。
② 大臣（だいじん）に話をうかがう。
③ 児童会の選挙（せんきょ）を行う。
④ 初めて飛行機（ひこうき）に乗る。
⑤ 相手の理解を求（もと）める。
⑥ 老人（ろうじん）に席をゆずる。
⑦ 新しい機械（きかい）を買う。
⑧ 木に巣箱（すばこ）を取り付ける。

2 □に漢字を書きましょう。

① みんなで課題（かだい）に取り組む。
② 公害（こうがい）で川の水質が悪化する。
③ 身近な問題に関心（かんしん）を持つ。
④ 日本の未来（みらい）を予測する。
⑤ 昨夜（さくや）から雨がふっている。
⑥ 軍手（ぐんて）をはめて作業する。
⑦ 部屋の照明（しょうめい）をつける。
⑧ 母にしかられて弟が泣（な）く。
⑨ 町にあるお城（しろ）を絵にかく。
⑩ このながめは絶景（ぜっけい）だ。
⑪ 夫に協力（きょうりょく）してもらう。
⑫ けんび鏡（きょう）を使って調べる。
⑬ 外で日光浴（にっこうよく）をする。
⑭ 消化器官（きかん）の病気になる。

教科書 249ページ　答え 13ページ

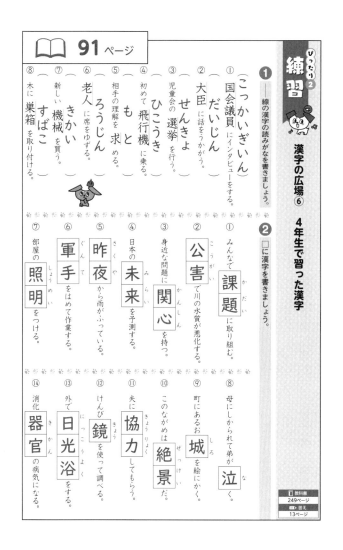

92ページ

春のチャレンジテスト

1 ――線の漢字の読みがなを書きましょう。　一つ2点（28点）

① この眼鏡（めがね）は外国から輸入（ゆにゅう）された。
② その制度（せいど）については、費用（ひよう）の面で問題が多い。
③ 農耕（のうこう）文化の始まりについて調べる。
④ 魚市場（うおいちば）の近くにできた食堂（しょくどう）で食事をする。
⑤ 健康のために果物（くだもの）を食べる。
⑥ 飼（か）っているねこが迷子（まいご）になった。
⑦ 雪合戦（ゆきがっせん）でキャプテン役を務（つと）める。
⑧ 慣例（かんれい）にとらわれない強い精神（せいしん）力を育む。

※①「眼鏡」、⑤「果物」、⑥「迷子」は、特別な読み方の言葉です。

2 ――線の平がなを、漢字と送りがなに分けて書きましょう。　一つ2点（8点）

① 会えなくなってひさしい。〔久―しい〕
② こころよい返事をもらう。〔快―い〕
③ お客様を会場へみちびく。〔導―く〕
④ リーダーが仲間をひきいる。〔率―いる〕

3 次の漢字の部首名と、その部首の画数を漢字で書きましょう。　一つ1点（8点）

	部首名	部首の画数
① 飼	しょくへん	八
② 制	りっとう	二
③ 団	くにがまえ	三
④ 慣	りっしんべん	三

※それぞれの部首は次のとおり。①「飠」②「刂」③「囗」④「忄」

時間30分　/100　合格80点　教科書 196～248ページ　答え 13ページ

93ページ

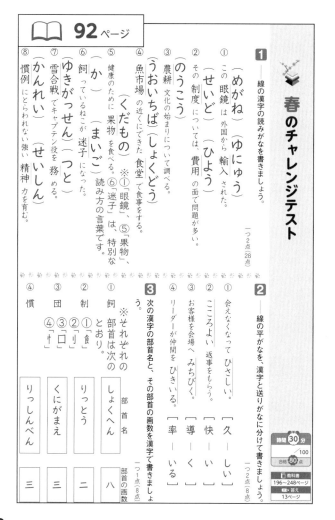

4 □に漢字を書きましょう。　一つ3点（42点）

① 無益（むえき）な争い。
② 紙が燃（も）える。
③ 大会を運営（うんえい）する。
④ 木の枝（えだ）を切る。
⑤ 衛星（えいせい）放送を見る。
⑥ 要領（ようりょう）が悪い。
⑦ 指導（しどう）を受ける。
⑧ 犯罪（はんざい）が減る。
⑨ 災害（さいがい）に備える。
⑩ 税金（ぜいきん）をおさめる。
⑪ 書類を書き損（そん）じる。
⑫ 縄文（じょうもん）時代の住居（じゅうきょ）。
⑬ 永遠（えいえん）に語りつぐ。
⑭ 真綿（まわた）のふとん。

※⑪「書き損じる」とは、書きまちがえる、という意味です。

5 次の漢字の赤い部分は、何画目に書きますか。数字で答えましょう。　一つ2点（14点）

① 囲　三画目
② 務　五画目
③ 耕　九画目
④ 堂　四画目
⑤ 費　六画目
⑥ 輸　十三画目
⑦ 毒　七画目

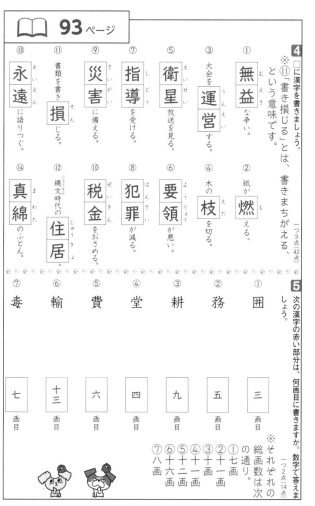

※それぞれの総画数は次の通り。①七画 ②十一画 ③十画 ④十一画 ⑤十二画 ⑥十六画 ⑦八画

学力診断（しんだん）テスト①

5年 漢字のまとめ

学力診断テスト①

名前

月　日

時間 30分

合格80点　／100

答え 14ページ

1 ――線の漢字の読みがなを書きましょう。　一つ1点(25点)

① 直ちにすばらしい効能が現れる薬を輸入する。（ただ）（こうのう）（ゆにゅう）

② 総理大臣が自ら国際会議に出席する。（そうり）（こくさい）

③ 価値のある、古い銅像を発見する。（か）（どうぞう）

④ 事前に指導者にきちんと許可を得る。（しどうしゃ）（きょか）

⑤ 新発売の製品で売り場が混み合う。（せいひん）（こ）

⑥ 大勢の人がいっせいに講堂から退場する。（おおぜい）（こうどう）

⑦ 市の現状について、報道で知る。（げんじょう）（ほうどう）

⑧ いつもわたしを支えてくれる母に感謝する。（ささ）（かんしゃ）

⑨ たった独りで太平洋を航海する。（ひと）（こうかい）

⑩ コリーは、やさしい性格をしている犬種です。（せいかく）（けんしゅ）

⑪ 停車したバスから左右を見ておりる。（ていしゃ）（さゆう）

⑫ 暴動が起こった後の周囲の様子が新聞にのる。（ぼうどう）（しゅうい）

2 □に漢字を書きましょう。　一つ1点(25点)

① 利益（りえき）が出るかどうかの境界（きょうかい）線上だ。

② その行動は規則（きそく）で禁止（きんし）されている。

③ 組織（そしき）の責任（せきにん）者を指名する。

④ 眼帯（がんたい）をつけて、目を保護（ほご）する。

⑤ 広い庭で飼（か）い犬が夢中（むちゅう）で遊ぶ。

⑥ 金属（きんぞく）を、倉庫に移動（いどう）する。

⑦ 検査（けんさ）についていろいろと質問（しつもん）する。

⑧ 祖先（そせん）から伝わる領土（りょうど）を守る。

⑨ 酸素（さんそ）は、血液（けつえき）によって運ばれる。

⑩ 今日の気象（きしょう）は、正（まさ）に快晴（かいせい）だ。

⑪ 俳（はい）句（く）は、五、七、五の十七音で構成（こうせい）される。

⑫ 先生の版画（はんが）展（てん）は、評判（ひょうばん）がよい。

●うらにも問題があります。

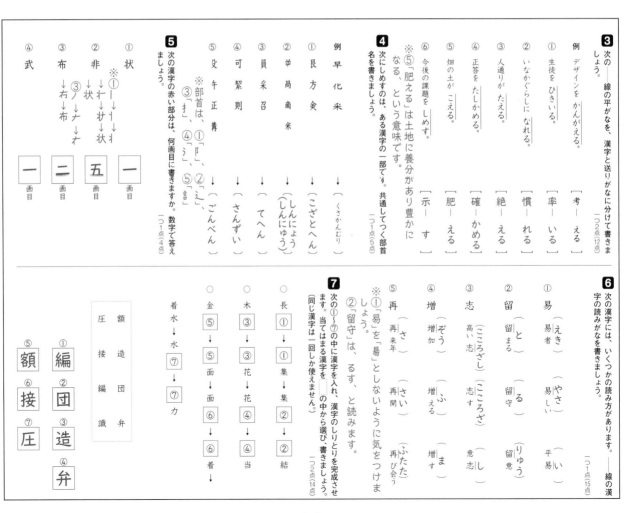

3 次の――線の平がなを、漢字と送りがなに分けて書きましょう。　一つ2点(12点)

例 デザインをかんがえる。［考―える］

① 生徒をひきいる。［率―いる］

② いなかぐらしになれる。［慣―れる］

③ 人通りがたえる。［絶―える］

④ 正答をたしかめる。［確―かめる］

⑤ 畑の土がこえる。［肥―える］

⑥ 今後の課題をしめす。［示―す］

※⑤「肥える」は土地に養分があり豊かになる、という意味です。

4 次にしめすのは、ある漢字の一部です。共通してつく部首名を書きましょう。　一つ1点(5点)

例 早 化 釆 →（くさかんむり）

① 艮 方 㑒 →（こざとへん）

② 屰 咼 啇 米 →（しんにょう（しんにゅう））

③ 員 采 召 →（てへん）

④ 可 絜 則 →（さんずい）

⑤ 殳 午 正 冓 →（ごんべん）

※部首は、①「阝」、②「辶」、③「扌」、④「氵」、⑤「言」

5 次の漢字の赤い部分は、何画目に書きますか。数字で答えましょう。　一つ1点(4点)

① 状　一 画目

② 非　五 画目

③ 布　二 画目

④ 武　一 画目

※①丨→丬→丬、丬→壮→状
③ノ→ナ→ナ、→右→布

6 次の漢字には、いくつかの読み方があります。――線の漢字の読みがなを書きましょう。　一つ1点(15点)

① 易　易者（えき）　易しい（やさ）　平易（い）

② 留　留まる（と）　留守（る）　留意（りゅう）

③ 志　高い志（こころざし）　志す（こころざ）　意志（し）

④ 増　増加（ぞう）　増える（ふ）　増す（ま）

⑤ 再　再来年（さ）　再開（さい）　再び会う（ふたた）

※①「易」を「昜」としないように気をつけましょう。

②「留守」は、るす、と読みます。

7 次の①～⑦の中に漢字を入れ、漢字のしりとりを完成させます。当てはまる漢字を□の中から選び、書きましょう。（同じ漢字は一回しか使えません。）　一つ2点(14点)

○ 長→①→①集→集→②→②結

○ 木→③→③花→花→④→④当

○ 金→⑤→⑤面→面→⑥→⑥着→着水→水→⑦→⑦力

額　造　団　弁
圧　接　編　識

① 編　② 団　③ 造　④ 弁　⑤ 額　⑥ 接　⑦ 圧

学力診断テスト②

5年 漢字のまとめ
学力診断テスト②

名前　　月　日

時間 30分

合格80点　／100

答え 15ページ

1 ――線の漢字の読みがなを書きましょう。　一つ1点（25点）

① 期限（きげん）をしばらく過（す）ぎてから本を返した。
② 今日の講演（こうえん）は、とても興味（きょうみ）深かった。
③ 海外に永住（えいじゅう）したおじは、農耕（のうこう）で成功した。
④ かれが走破（そうは）したことは、わたしが証明（しょうめい）します。
⑤ 受賞（じゅしょう）できたことの喜（よろこ）びを十分間で述（の）べる。
⑥ 鉱山（こうざん）から、多くの資（し）源がもたらされる。
⑦ 被害の程度（ていど）が大きいので保険金（ほけんきん）が下りる。
⑧ 費用（ひよう）をおさえるため、三つの方法を比（くら）べる。
⑨ 精力的（せいりょくてき）に絵の制作（せいさく）活動を行う。
⑩ 父は、ドイツで建築（けんちく）の最新の技術（ぎじゅつ）を学んだ。
⑪ 二つの容器（ようき）におかずを均等（きんとう）に入れる。
⑫ 祖父（そふ）は、おかげさまで健在（けんざい）です。

2 □に漢字を書きましょう。　一つ1点（25点）

① 非常識（ひじょうしき）な態度（たいど）だ。
② 桜（さくら）の花もようがある皿を二個（にこ）もらう。
③ 余（あま）った西洋（せいよう）の布（ぬの）で手さげを作る。
④ 仮面（かめん）をかぶった客を招（まね）き入れる。
⑤ 医師（いし）には、いくつかの義務（ぎむ）がある。
⑥ ドラマで武士（ぶし）の歴史（れきし）を学ぶ。
⑦ きびしい建築基準（きじゅん）を設定（せってい）する。
⑧ 妹に、弁当箱（べんとうばこ）を貸（か）す。
⑨ 事故（じこ）についての書類を提示（ていじ）する。
⑩ 母は婦人服（ふじんふく）の店を経営（けいえい）する。
⑪ 枝（えだ）にとまっているこん虫を採集（さいしゅう）する。
⑫ 気圧（きあつ）の急な変化にも適応（てきおう）できる。

❷うらにも問題があります。

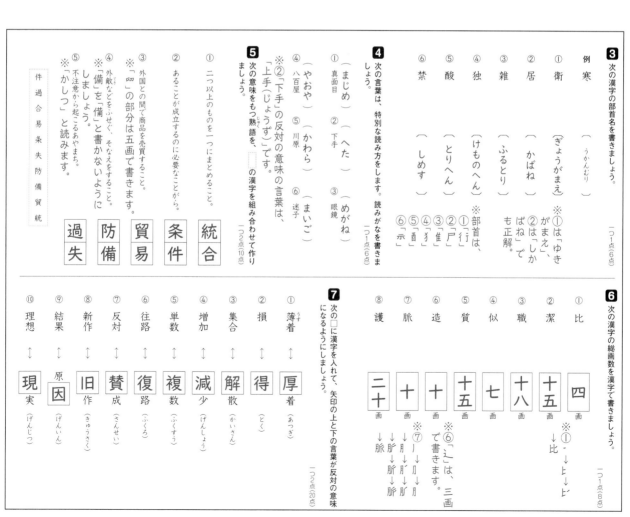

3 次の漢字の部首名を書きましょう。　一つ1点（6点）

例 寒（うかんむり）
① 衛（ぎょうがまえ）
② 居（かばね）
③ 雑（ふるとり）
④ 独（けものへん）
⑤ 酸（とりへん）
⑥ 禁（しめす）

※①は「ゆきがまえ」、②は「しかばね」でも正解。
※部首は、①「行」②「尸」③「隹」④「犭」⑤「酉」⑥「示」

4 次の言葉は、特別な読み方をします。読みがなを書きましょう。　一つ1点（6点）

① 真面目（まじめ）
② 下手（へた）
③ 眼鏡（めがね）
④ 八百屋（やおや）
⑤ 川原（かわら）
⑥ 迷子（まいご）

※②「下手」の反対の意味の言葉は、「上手（じょうず）」です。

5 次の意味をもつ熟語を、□の漢字を組み合わせて作りましょう。　一つ2点（10点）

件　過　合　易　条　失　防　備　貿　統

① 二つ以上のものを一つにまとめること。　統合
② あることが成立するのに必要なことがら。　条件
③ 外国との間で商品を売買すること。　貿易
※「卯」の部分は五画で書きます。
④ 外敵（てき）などをふせぐ、そなえをすること。　防備
※「備」を「備」と書かないようにしましょう。
⑤ 不注意から起こるあやまち。　過失
※「かしつ」と読みます。

6 次の漢字の総画数を漢字で書きましょう。　一つ1点（8点）

① 比　四画
② 潔　十五画
③ 職　十八画
④ 似　七画
⑤ 質　十五画
⑥ 造　十画
⑦ 脈　十画
⑧ 護　二十画

※①「-→ヒ→ヒ→比」
※⑥「辶」は、三画で書きます。
※⑦「丿→刀→月→月→肵→肵→脈→脈→脈」

7 次の□に漢字を入れて、矢印の上と下の言葉が反対の意味になるようにしましょう。　一つ2点（20点）

① 薄（うす）着 ↕ 厚着（あつぎ）
② 損 ↕ 得（とく）
③ 集合 ↕ 解散（かいさん）
④ 増加 ↕ 減少（げんしょう）
⑤ 単数 ↕ 複数（ふくすう）
⑥ 往路 ↕ 復路（ふくろ）
⑦ 反対 ↕ 賛成（さんせい）
⑧ 新作 ↕ 旧作（きゅうさく）
⑨ 結果 ↕ 原因（げんいん）
⑩ 理想 ↕ 現実（げんじつ）

漢字クイズ

1 ①解 ②容 ③情 ④変

2 ①反 ②果 ③同 ④祭 ⑤象

3 ①破れる ②喜ぶ ③確かめる

4 ①修 ②報 ③備

5 ①糸 ②扌 ③阝

6 ①歴 ②解

7 ①個 ②績 ③往

8 ①イ ②ア ③イ ④イ

9 ①（舎→）舎 ②（肥→）肥 ③（構→）構

10 情

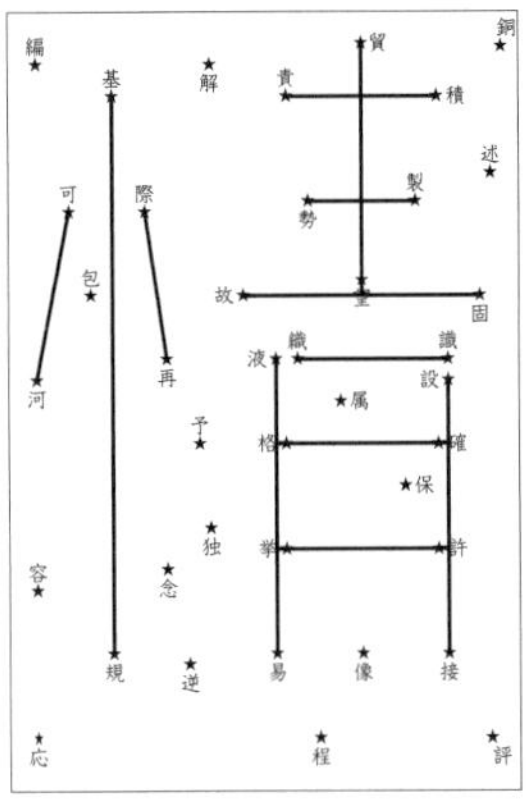

---

11 ①破 ②謝 ③営 ④財 ⑤妻 ⑥限

12 ①講 ②燃 ③製

付録　とりはずしてお使いください。

漢字おさらいドリル

前学年で習った漢字

4年生で習った漢字を復習しましょう！

もくじ

5年　　組

1 あ行の漢字・か行の漢字①

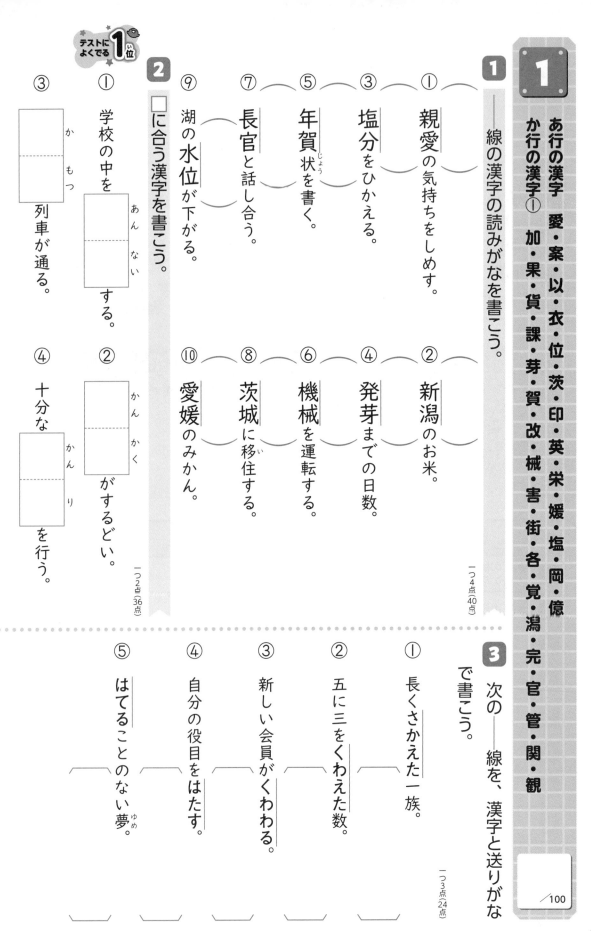

愛・案・以・衣・位・茨・印・英・栄・媛・塩・岡・億
加・果・貨・課・芽・賀・改・械・害・街・各・覚・潟・完・官・管・関・観

／100

1 ――線の漢字の読みがなを書こう。 一つ4点(40点)

① 親愛の気持ちをしめす。（　　）
② 新潟のお米。（　　）
③ 塩分をひかえる。（　　）
④ 発芽までの日数。（　　）
⑤ 年賀状(じょう)を書く。（　　）
⑥ 機械を運転する。（　　）
⑦ 長官と話し合う。（　　）
⑧ 茨城に移(い)住する。（　　）
⑨ 湖の水位が下がる。（　　）
⑩ 愛媛のみかん。（　　）

テストによくでる1位(い)

2 □に合う漢字を書こう。 一つ2点(36点)

① 学校の中を□□(あんない)する。
② □□(かんかく)がするどい。
③ □□(かもつ)列車が通る。
④ 十分な□□(かんり)を行う。

3 次の――線を、漢字と送りがなで書こう。 一つ3点(24点)

① 長くさかえた一族。（　　）
② 五に三をくわえた数。（　　）
③ 新しい会員がくわわる。（　　）
④ 自分の役目をはたす。（　　）
⑤ はてることのない夢(ゆめ)。（　　）

テストによくでる2位

⑤ [しがいち]へと出かける。

⑥ [しおみず]をつくる。

⑦ [いふく]を着がえる。

⑧ 朝の散歩が[にっか]だ。

⑨ [おかやま]で育つ。

⑩ [かんけい]がよくなる。

⑪ [えいご]で話す。

⑫ 名所を[かんこう]する。

テストによくでる3位

⑬ [いちおくにん]の声。

⑭ 家族[いがい]は知らない。

⑮ [めじるし]をつける。

⑯ [がいちゅう]を追いはらう。

⑰ [かくじ]で用意する。

⑱ [かんぜん]にやりとげる。

⑥ あらためてお願いをする。（　　）

⑦ 九九をおぼえる。（　　）

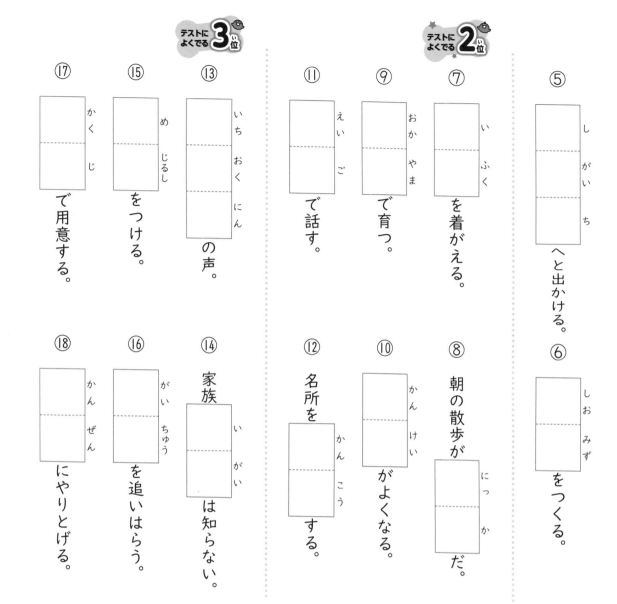

⑧ 分数にかかわる問題。（　　）

2 か行の漢字②

願・岐・希・季・旗・器・機・議・求・泣・給・挙・漁
共・協・鏡・競・極・熊・訓・軍・郡・群・径・景・芸・欠

／100

1 ――線の漢字の読みがなを書こう。

一つ4点（40点）

①（　　）協力関係にある。

②（　　）希少な動物を発見する。

③（　　）岐阜に住む。

④（　　）海軍の飛行機。

⑤（　　）郡部に住んでいる。

⑥（　　）群馬の実家に帰る。

⑦（　　）熊本で育つ。

⑧（　　）挙手して意見を言う。

⑨（　　）求人広告（こく）を見る。

⑩（　　）競馬のレース。

テストによくでる1位

2 □に合う漢字を書こう。

一つ2点（36点）

① □□（しろ・はた）をあげる。

② □□（はん・けい）一メートル

③ 本日の□□（ぎ・だい）。

④ 百メートル□□（きょう・そう）

3 次の――線を、漢字と送りがなで書こう。

一つ3点（24点）

① 幸せをねがう。（　　）

② たくさんの動物がむれる。（　　）

③ もとめるものを手に入れる。（　　）

④ 大きな声でなく。（　　）

⑤ 手を高くあげる。（　　）

⑤ 大きな（くま）に出くわす。

⑥ 試合を（けつじょう）する。

テストによくでる2位

⑦ （しき）のうつりかわり。

⑧ （きゅうしょく）の時間。

⑨ 魚が（たいぐん）で泳ぐ。

⑩ （ぎょぎょう）をいとなむ。

⑪ （がっき）を演奏（えんそう）する。

⑫ （てかがみ）をのぞきこむ。

テストによくでる3位

⑬ 話す（きかい）をうかがう。

⑭ （なんきょく）を探検（たんけん）する。

⑮ （きょうくん）を次に生かす。

⑯ 美しい（こうけい）に見入る。

⑰ （きょうどう）で所有する。

⑱ ガラス（こうげい）を習う。

⑥ 真剣（けん）さにかける。（　　）

⑦ リーダーをかく。（　　）

⑧ 自分の名が候補（ほ）にあがる。（　　）

テストによくでる1位

3 か行の漢字③ さ行の漢字①

結・建・健・験・固・功・好・香・候・康
佐・差・菜・最・埼・材・崎・昨・札・刷・察・参・産・散・残・氏・司

／100

1 ――線の漢字の読みがなを書こう。 一つ4点（40点）

① チャレンジが成功する。（　）
② 花の香りがする。（　）
③ うなぎは父の好物だ。（　）
④ 佐賀で遊ぶ。（　）
⑤ 材木を集める。（　）
⑥ 青菜に塩。（　）
⑦ 昨年から待っていた。（　）
⑧ 建国記念日（　）
⑨ 埼玉から通う。（　）
⑩ 長崎へ旅行する。（　）

2 □に合う漢字を書こう。 一つ2点（36点）

① 自分で□□（じっけん）してみる。
② □□（さいこう）の記録が出る。
③ あたたかい□□（きこう）。
④ 手紙を□□（いんさつ）する。

3 次の――線を、漢字と送りがなで書こう。 一つ3点（24点）

① ぎゅっと口をむすぶ。（　）
② 小学校をたてる。（　）
③ 油をかためる。（　）
④ からいものをこのむ。（　）
⑤ かさをさす。（　）

⑤ ［けんこう］な体になる。

⑥ ゆっくり［さんぽ］する。

テストによくでる2位

⑦ ［けっか］を発表する。

⑧ あさがおの［かんさつ］。

⑨ 昔のおもかげが［のこ］る。

⑩ 大会の［さんかしゃ］。

⑪ ［かがわ］県へ出かける。

⑫ 馬の［しゅっさん］に立ち会う。

テストによくでる3位

⑬ ［やさい］を買いに行く。

⑭ ［しかい］をつとめる。

⑮ ［にゅうさつ］する。

⑯ 以前と［たいさ］ない。

⑰ 水が［こたい］になる。

⑱ ［しめい］を紙に書く。

⑥ もっとも近くにいる。（　　　）

⑦ 国語のプリントをする。（　　　）

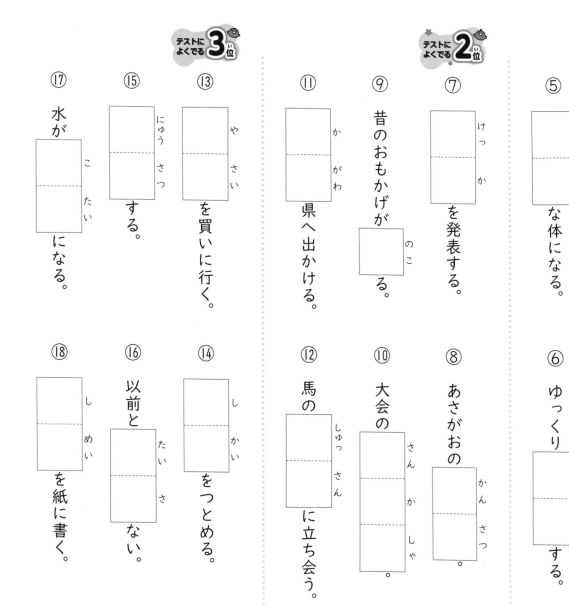

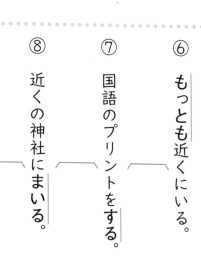

⑧ 近くの神社にまいる。（　　　）

4 さ行の漢字②

試・児・治・滋・辞・鹿・失・借・種・周・祝・順・初・松・笑・唱
焼・照・城・縄・臣・信・井・成・省・清・静・席・積・折・節

／100

テストによくでる1位

1 ――線の漢字の読みがなを書こう。 一つ4点(40点)

① けがが完治する。（　　）
② 鹿に出くわす。（　　）
③ 辞意を表明する。（　　）
④ 城を見学する。（　　）
⑤ 借地に家を建てる。（　　）
⑥ 合唱コンクール（　　）
⑦ 川の清流。（　　）
⑧ 滋賀で生まれ育つ。（　　）
⑨ 縄をかける。（　　）
⑩ その先を右折する。（　　）

2 □に合う漢字を書こう。 一つ2点(36点)

① 来週は［しゅく｜じつ］がある。
② ［あん｜せい］にする。
③ ［しょ｜にち］にもり上がる。
④ 正方形の［めん｜せき］。

3 次の――線を、漢字と送りがなで書こう。 一つ3点(24点)

① 何度もこころみる。（　　）
② この国をおさめる。（　　）
③ 目標を見うしなう。（　　）
④ たん生日をいわう。（　　）
⑤ はじめての一人旅。（　　）

テストによくでる2位

⑤ まぶしい［しょうめい］の下。

⑥ ［ふしめ］となる一年。

⑦ 北小学校の［じどう］。

⑧ ひなの［せいちょう］を見守る。

⑨ ［じゅんばん］にならんで待つ。

⑩ ［はんせい］を次に生かす。

⑪ ［いど］で水をくむ。

⑫ ［けっせき］のわけをたずねる。

テストによくでる3位

⑬ ［しんよう］してまかせる。

⑭ 春に［たね］まきをする。

⑮ ［しゅうかい］おくれで走る。

⑯ ［かしん］をしたがえる。

⑰ 運動会の親子［しゅもく］。

⑱ ［まつ］のえだを切る。

⑥ にこにことわらう。（　　）

⑦ 呪（じゅ）文をとなえる。（　　）

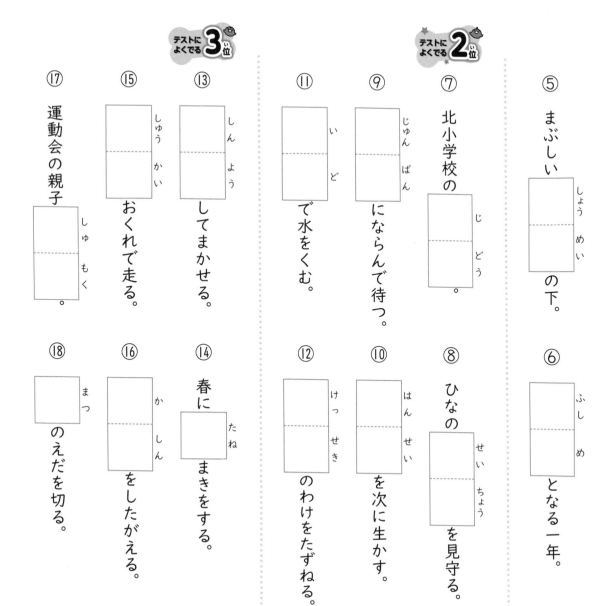

⑧ さんまをやく。（　　）

テストによくでる1位

5 さ行の漢字③ た行の漢字①

説・浅・戦・選・然・争・倉・巣・束・側・続・卒・孫

帯・隊・達・単・置・仲・沖・兆・低・底・的・典・伝

1 ――線の漢字の読みがなを書こう。

一つ4点(40点)

① 他国との競争に勝つ。（　　）

② 沖縄で泳ぐ。（　　）

③ クラスの結束が強い。（　　）

④ 伝記を読む。（　　）

⑤ 後続のランナーが見える。（　　）

⑥ 仲のよい友だち。（　　）

⑦ 天然の温泉。（　　）

⑧ 予想が的中する。（　　）

⑨ 自然が多い地方。（　　）

⑩ 辞典で意味を調べる。（　　）

2 □に合う漢字を書こう。

一つ2点(36点)

① 市長を決める□□（せんきょ）。

② □□（そうこ）に荷物を入れる。

③ 工業がさかんな□□（ちたい）。

④ けん玉の□□（たつじん）。

3 次の――線を、漢字と送りがなで書こう。

一つ3点(24点)

① 生まれて日があさい。（　　）

② 正しい方をえらぶ。（　　）

③ 兄弟であらそう。（　　）

④ 道がどこまでもつづく。（　　）

⑤ 緑色をおびた目。（　　）

／100

⑤ 道路の［みぎがわ］を歩く。

⑥ ［まと］に命中する。

テストによくでる2位

⑦ ていねいに［せつめい］する。

⑧ 自分の［いち］をたしかめる。

⑨ ［いっかいせん］で負ける。

⑩ 体力が［ていか］する。

⑪ 六年生が［そつぎょう］する。

⑫ 大きな［こめぐら］。

テストによくでる3位

⑬ ［たいちょう］の指示(じ)にしたがう。

⑭ 多くの［しそん］を残す。

⑮ 鳥の［すばこ］を作る。

⑯ ［ふなぞこ］にあながあく。

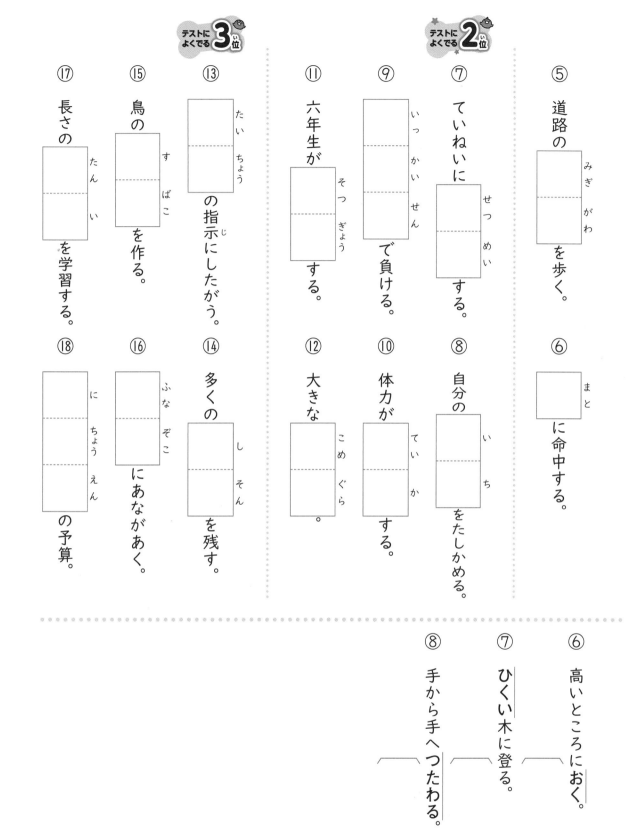

⑰ 長さの［たんい］を学習する。

⑱ ［にちょうえん］の予算。

---

⑥ 高いところにおく。〔　　〕

⑦ ひくい木に登る。〔　　〕

⑧ 手から手へつたわる。〔　　〕

テストによくでる1位

6 た行の漢字② 徒・努・灯・働・特・徳・栃　な行の漢字　奈・梨・熱・念　は行の漢字① 敗・梅・博・阪・飯・飛・必・票・標・不・夫・付・府・阜・富・副・兵・別・辺

／100

1 ――線の漢字の読みがなを書こう。　一つ4点（40点）

①部屋の電灯をつける。（　）
②必死の思いで走る。（　）
③奈良の大仏。（　）
④栃木の小学校を調べる。（　）
⑤実働時間が長い。（　）
⑥分別のつく年ごろ。（　）
⑦地方の特色を生かす。（　）
⑧水辺の生き物たち。（　）
⑨戦いに敗北する。（　）
⑩大阪府にある会社。（　）

2 □に合う漢字を書こう。　一つ2点（36点）

①□□（せいと）が校庭に集まる。
②□□（はくがく）で知られる人。
③たゆまぬ□□（どりょく）を続ける。
④□□□（ひこうき）のチケット。

3 次の――線を、漢字と送りがなで書こう。　一つ3点（24点）

①わすれないようつとめる。（　）
②あついお茶を入れる。（　）
③決勝戦でやぶれる。（　）
④鳥が高くとぶ。（　）
⑤かならず帰ってくる。（　）

テストによくでる2位

⑤ ［どうとく］の勉強をする。

⑥ 公正に［とうひょう］を行う。

⑦ かぜで［はつねつ］する。

⑧ ［もくひょう］を高く持つ。

⑨ ［きねん］に写真をとる。

⑩ ［ふあん］な気持ちになる。

⑪ 外で［ひるめし］を食べる。

⑫ ［ぎふ］に生まれる。

テストによくでる3位

⑬ ばく大な［とみ］を持つ。

⑭ ［うめ］の花がさく。

⑮ ［やまなし］のりんご。

⑯ 家で［ふくぎょう］をする。

⑰ キュリー［ふじん］の伝記。

⑱ ［へいたい］が整列する。

---

⑥ 紙に折り目をつける。（　　）

⑦ 曲がり角でわかれる。（　　）

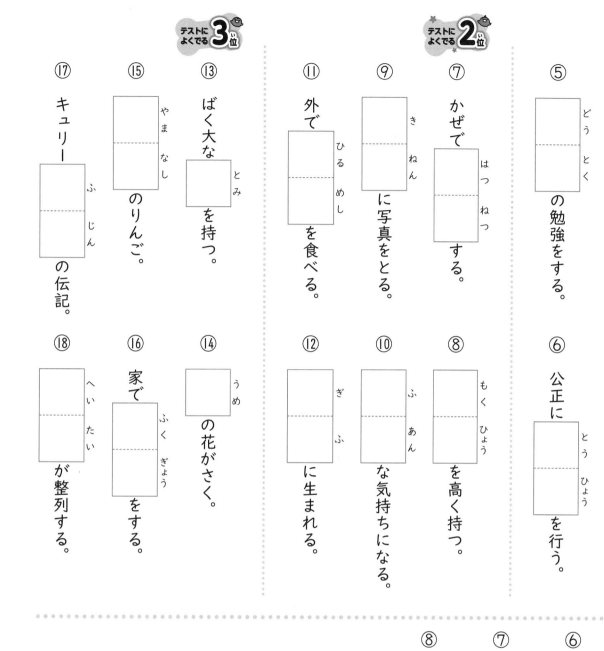

⑧ このあたりに住んでいる。（　　）

テストによくでる1位

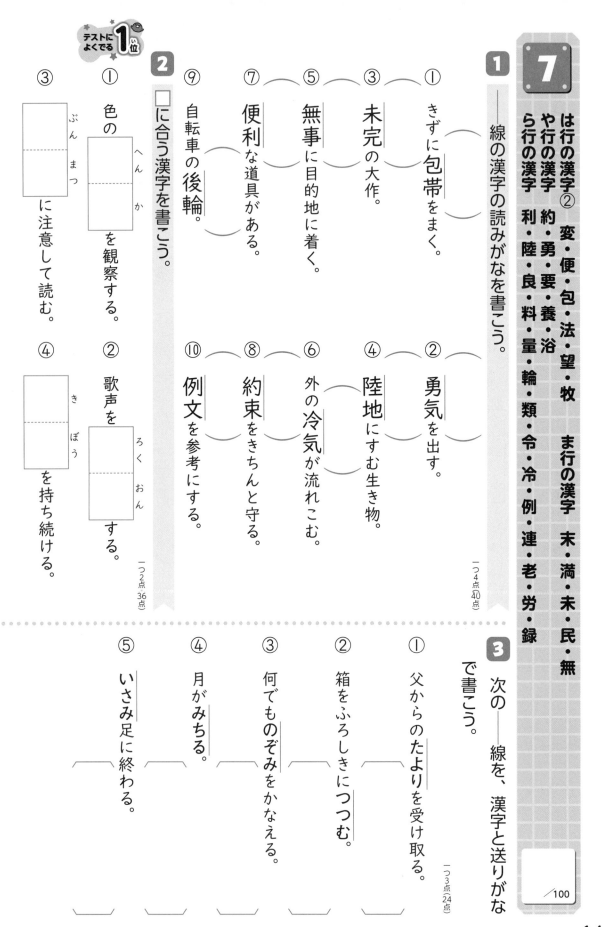

7 は行の漢字② 変・便・包・法・望・牧 ま行の漢字 末・満・未・民・無 や行の漢字 約・勇・要・養・浴 ら行の漢字 利・陸・良・料・量・輪・類・令・冷・例・連・老・労・録

/100

1 ――線の漢字の読みがなを書こう。 一つ4点(40点)

① きずに包帯をまく。（　　）

② 勇気を出す。（　　）

③ 未完の大作。（　　）

④ 陸地にすむ生き物。（　　）

⑤ 無事に目的地に着く。（　　）

⑥ 外の冷気が流れこむ。（　　）

⑦ 便利な道具がある。（　　）

⑧ 約束をきちんと守る。（　　）

⑨ 自転車の後輪。（　　）

⑩ 例文を参考にする。（　　）

2 □に合う漢字を書こう。 一つ2点(36点)

① 色の［へん｜か］を観察する。

② 歌声を［ろく｜おん］する。

③ ［ぶん｜まつ］に注意して読む。

④ ［き｜ぼう］を持ち続ける。

3 次の――線を、漢字と送りがなで書こう。 一つ3点(24点)

① 父からのたよりを受け取る。（　　）

② 箱をふろしきにつつむ。（　　）

③ 何でものぞみをかなえる。（　　）

④ 月がみちる。（　　）

⑤ いさみ足に終わる。（　　）

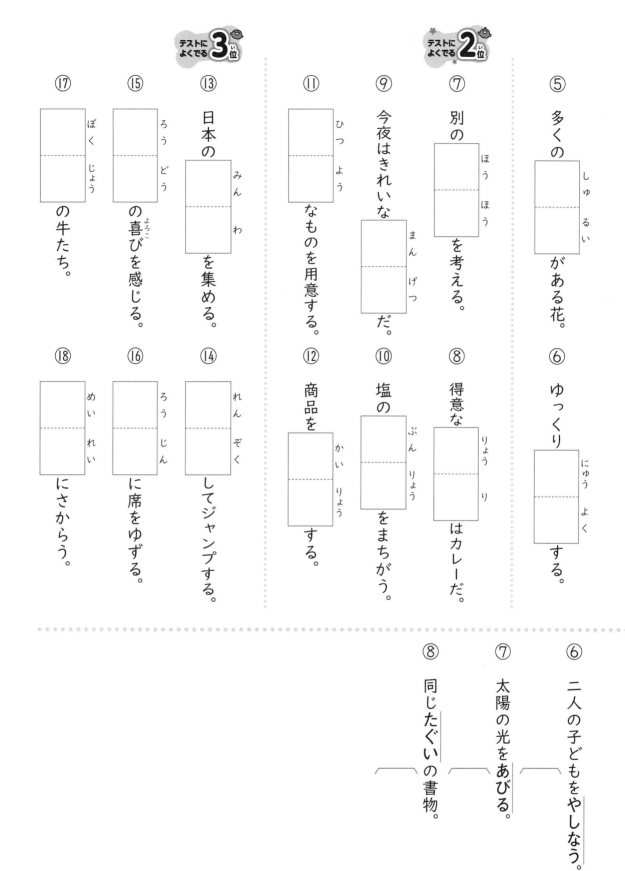

⑤ 多くの［しゅるい］がある花。

⑥ ゆっくり［にゅうよく］する。

テストによくでる2位

⑦ 別の［ほうほう］を考える。

⑧ 得意な［りょうり］はカレーだ。

⑨ 今夜はきれいな［まんげつ］だ。

⑩ 塩の［ぶんりょう］をまちがう。

⑪ ［ひつよう］なものを用意する。

⑫ 商品を［かいりょう］する。

テストによくでる3位

⑬ 日本の［みんわ］を集める。

⑭ ［れんぞく］してジャンプする。

⑮ ［ろうどう］の喜(よろこ)びを感じる。

⑯ ［ろうじん］に席をゆずる。

⑰ ［ぼくじょう］の牛たち。

⑱ ［めいれい］にさからう。

---

⑥ 二人の子どもを<u>やしなう</u>。（　　）

⑦ 太陽の光を<u>あびる</u>。（　　）

⑧ 同じ<u>たぐい</u>の書物。（　　）

8 四年生で習った漢字

/100

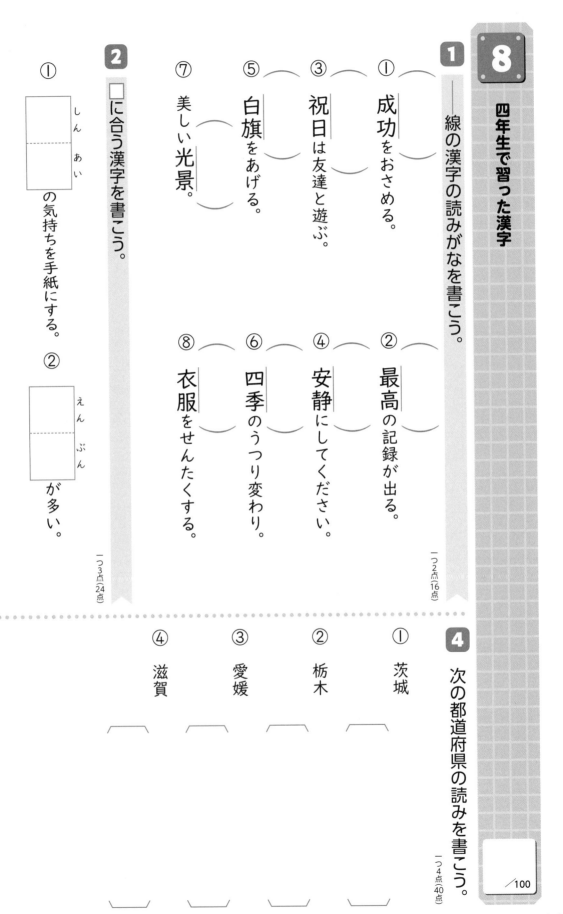

1 ——線の漢字の読みがなを書こう。 一つ2点(16点)

① 成功をおさめる。（　　）

② 最高の記録が出る。（　　）

③ 祝日は友達と遊ぶ。（　　）

④ 安静にしてください。（　　）

⑤ 白旗をあげる。（　　）

⑥ 四季のうつり変わり。（　　）

⑦ 美しい光景。（　　）

⑧ 衣服をせんたくする。（　　）

2 □に合う漢字を書こう。 一つ3点(24点)

① □□（しんあい）の気持ちを手紙にする。

② □□（えんぶん）が多い。

4 次の都道府県の読みを書こう。 一つ4点(40点)

① 茨城（　　）

② 栃木（　　）

③ 愛媛（　　）

④ 滋賀（　　）

③ [　　] (はつが) まで時間がかかる。

④ [　　] (きかい) を運転する。

⑤ [　　] (きしょう) な石を発見する。

⑥ [　　] (けいば) のレース。

⑦ [　　] (さくねん) の出来事を思い出す。

⑧ [　　] (がっしょう) コンクールに出場する。

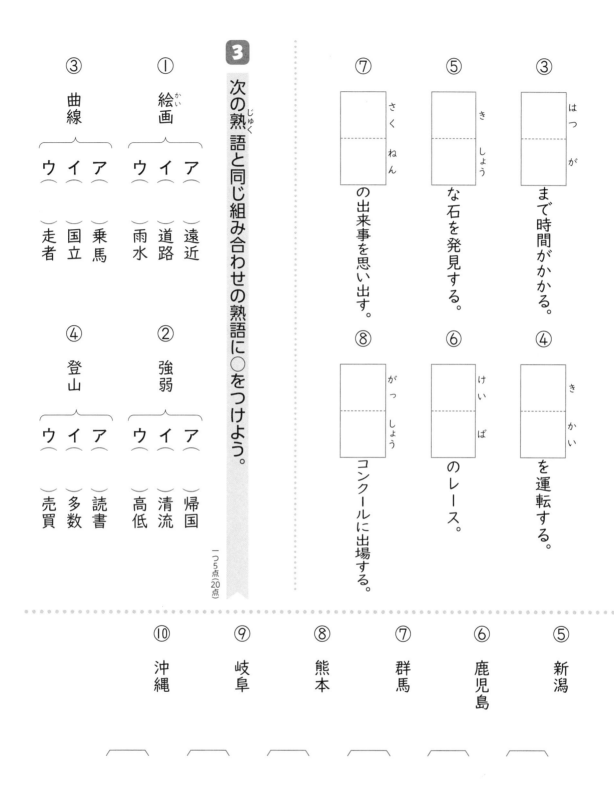

3 次の熟語(じゅく)と同じ組み合わせの熟語に○をつけよう。

一つ5点(20点)

① 絵画(かい)
- ア (　) 遠近
- イ (　) 道路
- ウ (　) 雨水

② 強弱
- ア (　) 帰国
- イ (　) 清流
- ウ (　) 高低

③ 曲線
- ア (　) 乗馬
- イ (　) 国立
- ウ (　) 走者

④ 登山
- ア (　) 読書
- イ (　) 多数
- ウ (　) 売買

⑤ 新潟 [　　]

⑥ 鹿児島 [　　]

⑦ 群馬 [　　]

⑧ 熊本 [　　]

⑨ 岐阜 [　　]

⑩ 沖縄 [　　]

答え

1　2・3ページ

1
①しんあい　②にいがた　③えんぶん　④はつが
⑤ねんが　⑥きかい　⑦ちょうかん　⑧いばらき
⑨すいい　⑩えひめ

2
①案内　②感覚　③貨物　④管理
⑤市街地　⑥塩水　⑦衣服　⑧日課
⑨岡山　⑩関係　⑪英語　⑫観光
⑬一億人　⑭以外　⑮目印　⑯害虫
⑰各自　⑱完全

3
①栄えた　②加えた　③加わる　④果たす
⑤果てる　⑥改めて　⑦覚える　⑧関わる

2　4・5ページ

1
①きょうりょく　②きしょう
③ぎふ　④かいぐん
⑤ぐんぶ　⑥ぐんま
⑦くまもと　⑧きょしゅ
⑨きゅうじん　⑩けいば

2
①白旗　②半径　③議題　④競走
⑤熊　⑥欠場　⑦四季　⑧給食
⑨大群　⑩漁業　⑪楽器　⑫手鏡
⑬機会　⑭南極　⑮教訓　⑯光景
⑰共同　⑱工芸

3
①願う　②群れる　③求める　④泣く
⑤挙げる　⑥欠ける　⑦欠く　⑧挙がる

3　6・7ページ

1
①せいこう　②かお
③こうぶつ　④さが
⑤ざいもく　⑥あおな
⑦さくねん　⑧けんこく
⑨さいたま　⑩ながさき

2
①実験　②最高　③気候　④印刷
⑤健康　⑥散歩　⑦結果　⑧観察
⑨残　⑩参加者　⑪香川　⑫出産
⑬野菜　⑭司会　⑮入札　⑯大差
⑰固体　⑱氏名

3
①結ぶ　②建てる　③固める　④好む
⑤差す　⑥最も　⑦刷る　⑧参る

4　8・9ページ

1
①かんち　②しか
③じい　④しろ
⑤しゃくち　⑥がっしょう
⑦せいりゅう　⑧しが
⑨なわ　⑩うせつ

2
①祝日　②安静　③初日　④面積
⑤照明　⑥節目　⑦児童　⑧成長
⑨順番　⑩反省　⑪井戸　⑫欠席
⑬信用　⑭種　⑮周回　⑯家臣
⑰種目　⑱松

3
①試みる　②治める　③失う　④祝う
⑤初めて　⑥笑う　⑦唱える　⑧焼く

5　10・11ページ

1
①きょうそう　②おきなわ
③けっそく　④でんき
⑤こうぞく　⑥なか
⑦てんねん　⑧てきちゅう
⑨しぜん　⑩じてん

2
①選挙　②倉庫　③地帯　④達人
⑤右側　⑥的　⑦説明　⑧位置
⑨一回戦　⑩低下　⑪卒業　⑫米倉
⑬隊長　⑭子孫　⑮巣箱　⑯船底
⑰単位　⑱二兆円

3
①浅い　②選ぶ　③争う　④続く

⑤帯びた ⑥置く ⑦低い ⑧伝わる

6 12・13ページ

1
①でんとう ②ひっし
③なら ④とちぎ
⑤じつどう ⑥ふんべつ
⑦とくしょく ⑧みずべ
⑨はいぼく ⑩おおさかふ

2
①生徒 ②博学 ③努力 ④飛行機
⑤道徳 ⑥投票 ⑦発熱 ⑧目標
⑨記念 ⑩不安 ⑪昼飯 ⑫岐阜
⑬富 ⑭梅 ⑮山梨 ⑯副業
⑰夫人 ⑱兵隊

3
①努める ②熱い ③敗れる ④飛ぶ
⑤必ず ⑥付ける ⑦別れる ⑧辺り

7 14・15ページ

1
①ほうたい ②ゆうき
③みかん ④りくち
⑤ぶじ ⑥れいき
⑦べんり ⑧やくそく
⑨こうりん ⑩れいぶん

2
①変化 ②録音 ③文末 ④希望
⑤種類 ⑥入浴 ⑦方法 ⑧料理
⑨満月 ⑩分量 ⑪必要 ⑫改良
⑬民話 ⑭連続 ⑮労働 ⑯老人
⑰牧場 ⑱命令

3
①便り ②包む ③望み ④満ちる
⑤勇み ⑥養う ⑦浴びる ⑧類い

8 16・17ページ

1
①せいこう ②さいこう
③しゅくじつ ④あんせい
⑤しろはた ⑥しき
⑦こうけい ⑧いふく

2
①親愛 ②塩分 ③発芽 ④機械
⑤希少 ⑥競馬 ⑦昨年 ⑧合唱

3
①イ ②ウ ③ウ ④ア

4
①いばらき ②とちぎ
③えひめ ④しが
⑤にいがた ⑥かごしま
⑦ぐんま ⑧くまもと
⑨ぎふ ⑩おきなわ

教科書ぴったりトレーニング

はなまるシール

- ふろくの「がんばり表」に使おう！
- はじめに、キミのおとも犬を選んで、がんばり表にはろう！
- 学習が終わったら、がんばり表に「はなまるシール」をはろう！
- 余ったシールは自由に使ってね。

キミのおとも犬

はなまるシール

表

好きななまえをつけてね！

なまえ

ぴた犬（おとも犬）シールをはろう

シールの中から好きなぴた犬を選ぼう。

おうちのかたへ

がんばり表のデジタル版「デジタルがんばり表」では、デジタル端末でも学習の進捗記録をつけることができます。1冊やり終えると、抽選でプレゼントが当たります。「ぴたサポシステム」にご登録いただき、「デジタルがんばり表」をお使いください。LINE または PC・ブラウザを利用する方法があります。

LINE用

PC・ブラウザ用

ぴたサポシステムご利用ガイドはこちら
https://www.shinko-keirin.co.jp/shinko/news/pittari-support-system

スタート

考えるのって　おもしろい〜漢字の成り立ち

2〜3ページ	4ページ	5〜6ページ	7ページ	8〜11ページ	12〜14ページ
ぴったり1	ぴったり2	ぴったり1	ぴったり2	ぴったり1	ぴったり2
できたらシールをはろう	できたらシールをはろう	できたらシールをはろう	できたらシールをはろう	できたらシールをはろう	できたらシールをはろう

たずねびと〜和語・漢語・外来語

46〜47ページ	48ページ
ぴったり1	ぴったり2
できたらシールをはろう	できたらシールをはろう

どちらを選びますか〜漢字の広場②

42ページ	43ページ	44ページ	45ページ
ぴったり1	ぴったり1	ぴったり2	ぴったり2
できたらシールをはろう	できたらシールをはろう	できたらシールをはろう	できたらシールをはろう

のチャレンジテスト

〜39ページ	40〜41ページ
ンジテスト	チャレンジテスト
きたら ールを はろう	できたらシールをはろう

49ページ	50〜51ページ	52ページ	53〜54ページ	55ページ
ぴったり2	ぴったり1	ぴったり2	ぴったり1	ぴったり2
できたらシールをはろう	できたらシールをはろう	できたらシールをはろう	できたらシールをはろう	できたらシールをはろう

と〜漢字の広場④

56〜58ページ	59〜60ページ	61〜63ページ
ぴったり1	ぴったり2	ぴったり1
できたらシールをはろう	できたらシールをはろう	できたらシールをはろう

春のチャレンジテスト

92〜93ページ
チャレンジテスト
できたらシールをはろう

ゴール

最後までがんばったキミは「ごほうびシール」をはろう！

ごほうびシールをはろう

（キリトリ線）

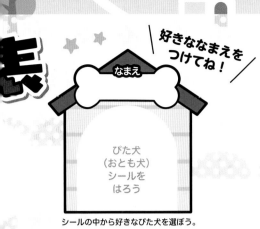

教科書ぴったりトレーニング　漢字　5年　光村図書版　折込①（オモテ）

教科書ぴったりトレーニングの使い方

『ぴたトレ』は教科書にぴった
できるよ。教科書も見ながら、
ぴた犬たちが勉強をサポートす

ふだんの学習

ぴったり1 準備

新しく習う漢字や読みは、教科書に出てくる
らんでいるよ。まずは、字の形や読みがな、書
基本的なことをおさえよう。「使い方」も参考に
漢字を正しく読み書きできるようになろう。

ぴったり2 練習

「ぴったり 1」で学習したこと、覚えているかな
確認(にん)しながら取り組みましょう。
くり返し練習することで、確実に力がつきます

5年 チャレンジテスト

「夏」「冬」「春」と3回あります。夏休み、冬休み
合わせて使おう。学期の終わりのテスト前にやって
それまでに学習したことがしっかり身について
確認できるね。

実力チェック

5年 学力診断(しんだん)テスト

1年間の総まとめのテストです。
合格点をめざそう。

ふだんの
たら、「
にシールを

別冊(さつ)

丸つけラクラク解答

問題と同じ紙面に赤字で「答え」が書いてあ
取り組んだ問題の答え合わせをしてみよう。
問題や分からなかった問題は、「ぴったり 1」
たり、教科書を読み返したりして、もう一度

合わせて使うことが
勉強していこうね。
るよ。

順番にな
き順など、
しながら、

？

よ。

春休みに
もいいね。
いるか、

学習が終わっ
んばり表」
はろう。

るよ。
まちがえた
にもどっ
見直そう。

おうちのかたへ

本書「教科書ぴったりトレーニング」は、新出漢字や新出音訓（読みかえ漢字）等、理解しておくべき基本的な内容をまとめた「ぴったり 1 準備」、学習したことが身についているかを、読み書きすることで確認できる「ぴったり 2 練習」、そして、習得度を確かめられる年 3 回の「チャレンジテスト」、という構成になっています。漢字が苦手なお子様でも、無理なく少しずつ学習できるよう配慮した構成になっておりますので、日々の学習（トレーニング）にぴったりです。

「漢字の学習」について

●漢字の学習は、通知表に記載される 3 つの観点のうち、「知識・技能」に相当します。漢字の学習というと、漢字の形や読み書き、書き順、部首などを暗記するというイメージがありますが、実際はそれだけではありません。
●大切なのは、漢字について理解し、文章の内容を読み取ったり自分の文章で適切に使い表現できるようなったりできることです。本書はその基礎となるものです。
●本書では、漢字の成り立ちや関連漢字等の理解を深める補足情報、そして豊富な例文を示しています。単なる知識ではなく、「使える漢字」が身につき、ひいては国語力のアップにつながることをねらいました。

別冊『丸つけラクラク解答』について

別冊の「丸つけラクラク解答」では、「チャレンジテスト」・「学力診断テスト」において、次のような事柄も示しています。

- **漢字についての注意すべき点**
- **いっしょに覚えておくと役立つこと**
- **まちがいやすいことやつまずきやすいところ**

お子様への説明や、学習内容の把握などにご活用ください。

教科書ぴったりトレーニング 漢字５年 がんばり表

いつも見えるところに、この「がんばり表」をはっておこう。
この「ぴたトレ」を学習したら、シールをはろう！
どこまでがんばったかわかるよ。

きいて、きいて、きいてみよう～漢字の広場①

24ページ	23ページ	22ページ	20～21ページ	18～19ページ	17ページ	15～16ページ
ぴったり2	ぴったり2	ぴったり1	ぴったり1	ぴったり2	ぴったり1	ぴったり1
できたらシールをはろう	できたらシールをはろう	できたらシールをはろう	できたらシールをはろう	できたらシールをはろう	できたらシールをはろう	できたらシールをはろう

古典の世界（一）～同じ読み方の漢字

25ページ	26ページ	27ページ	28～30ページ	31～33ページ
ぴったり1	ぴったり1	ぴったり2	ぴったり1	ぴったり2
できたらシールをはろう	できたらシールをはろう	できたらシールをはろう	できたらシールをはろう	できたらシールをはろう

作家で広げるわたしたちの読書～モモ

34～35ページ	36～37ページ
ぴったり1	ぴったり2
できたらシールをはろう	できたらシールをはろう

夏の

38

チャ

冬のチャレンジテスト

74～75ページ	72～73ページ
チャレンジテスト	チャレンジテスト
できたらシールをはろう	できたらシールをはろう

やなせたかし～あなたは、どう考える

70～71ページ	67～69ページ
ぴったり2	ぴったり1
できたらシールをはろう	できたらシールをはろう

固有種が教えてくれるこ

66ページ	64～65ページ
ぴったり2	ぴったり2
できたらシールをはろう	できたらシールをはろう

熟(じゅく)語の読み方～漢字の広場⑥

76～78ページ	79～80ページ	81ページ	82ページ	83ページ	84～87ページ	88～90ページ	91ページ
ぴったり1	ぴったり2	ぴったり2	ぴったり1	ぴったり2	ぴったり1	ぴったり2	ぴったり2
できたらシールをはろう	できたらシールをはろう	できたらシールをはろう	できたらシールをはろう	できたらシールをはろう	できたらシールをはろう	できたらシールをはろう	できたらシールをはろう